冰球

全民健身项目指导用书

李柏◎主编

吉林出版集团股份有限公司　全国百佳图书出版单位

图书在版编目（CIP）数据

冰球 / 李柏主编. -- 2版. -- 长春：吉林出版集团股份有限公司, 2010.2 (2024.8重印)

全民健身项目指导用书

ISBN 978-7-5463-2361-9

Ⅰ. ①冰… Ⅱ. ①李… Ⅲ. ①冰球运动 – 基本知识

Ⅳ. ①G862.3

中国版本图书馆 CIP 数据核字(2010)第 028363 号

全民健身项目指导用书

冰 球

BINGQIU

主　　编	李　柏
责任编辑	李　娇
封面设计	吕宜昌
开　　本	650mm×960mm　1/16
印　　张	8
字　　数	60 千
版　　次	2010 年 2 月第 2 版
印　　次	2024 年 8 月第 4 次印刷
出版发行	吉林出版集团股份有限公司
地　　址	吉林省长春市福祉大路 5788 号
邮　　编	130000
电　　话	0431–81629968
电子邮箱	11915286@qq.com
印　　刷	三河市金兆印刷装订有限公司
书　　号	ISBN 978-7-5463-2361-9　定　价　39.80 元

序言

　　自 1995 年我国政府推出《全民健身计划纲要》以来，我国群众性体育活动蓬勃发展，取得了显著的成绩。2008 年，举世瞩目的北京奥运会的成功举办，极大地激发了亿万人民群众的体育热情，增强了全社会的体育意识，营造了浓厚的全民健身氛围。面对这样的可喜局面，群众体育科研、教学工作者应义不容辞地为社会实践服务，从不同角度思考，如何使普通百姓通过简而易行的身体锻炼方式、方法和手段达到良好的健身效果，达到拥有健康的目标，从而享受生活、享受快乐人生。该书系就是在这样的思想指导下诞生的。

　　本书系能够顺应国家体育的大政方针，掌握时代脉搏，对指导大众健身，使大众掌握健身方法和手段有很好的促进作用。

　　本书系图文并茂，实用性强，分为球类运动、体操健身运动、传统武术、冰雪运动、水上运动、体育舞蹈、休闲运动、格斗运动、民间体育活动和极限运动等十大类项目，计 100 分册，按照统一的体例，力争有所创新。每册的具体内容为该项目的起源与发展、运动保健、基本

技术、运动技巧、比赛规则等，使读者在学习过程中，不仅能够学会运动健身的方法，同时还能够学到保健方面的基本知识。

经国务院批准，自 2009 年起，将每年的 8 月 8 日定为"全民健身日"。《全民健身项目指导用书》的出版，必将为开展全民健身活动起到积极的推动和指导作用。

目录 CONTENTS

目录 CONTENTS

第一章 概述

　　冰球,又称冰上曲棍球,是球员穿着特制的冰刀、护具和服装,手持球杆在冰场上击球的一种冰上球类运动。冰球以击入对方球门内的球数多者为胜,属于世界上最高速的球类运动之一。

第一节
起源与发展

冰球运动是冬季用来锻炼身体和娱乐的体育运动项目之一，它起源较晚，但深受人们的喜爱。

起源

概述

冰球运动的产生晚于足球、曲棍球和速滑等运动项目。以前，近似冰球的游戏很多，如北美印第安人的"拉克罗斯球"、中国的"冰上足球"、俄国的"俄罗斯冰上曲棍球"等都属于这类游戏。

现代冰球运动起源于加拿大。在加拿大的英国留学生 W.F.罗伯逊滑冰很出色，他把在英国学习期间了解到的曲棍球移到冰上打，并结合"拉克罗斯球"的特点，于 1783 年创立了一种新的冰上运动——冰球。

1855 年，加拿大的安大略省金斯顿流行一种冰上游戏，游戏者脚上绑着冰刀，手持曲棍在结冰的湖面上追逐打击用圆木制成的冰球。当时参加比赛的人数不限，场地也没有限制，只用两根木杆竖立在冰上作为球门的标志，这就是最初的冰球运动。

1879 年，加拿大蒙特利尔麦吉尔大学组织了一次正式的冰球比赛，规则是 W.F.罗伯逊教授和 R.F.史密斯教授共同制定的。最初规定双方参赛者各为 11 人，后改为 9 人，又改为 7 人，最后改为 6 人。

发展

随着冰球技术的提高进步、规则的日臻完善，以及国际赛事的举办，冰球运动逐步走上规范化道路，并成为全民健身运动的有机组成部分。

 **传播**

20 世纪初期，冰球运动传入欧洲，许多欧洲国家也都迷恋该项运动，之后遍及全世界。因为冰球是在加拿大诞生的，因此，人们又把冰球称为加拿大球，把加拿大称为冰球的"母国"。

1902 年，冰球比赛在欧洲国家盛行。

1908 年，在德国柏林举行了第一次欧洲国家冰球赛，并在法国巴黎成立了国际冰球联合会。

1920 年，冰球被列为第 7 届奥林匹克运动会比赛项目。

1924 年，在法国沙莫尼举行的第 1 届冬季奥林匹克运动会上，冰球被列为正式比赛项目。

1954 年，苏联队战胜加拿大队，获得第 21 届世界冰球锦标赛冠军，加拿大独占冰球优势的局面被打破。

1998 年，在长野冬奥会首次批准职业球员参加冰球比赛，将奥运会冰球项目的水平提升到了一个新的层次。

 赛事与机构

✿ 机构

国际冰球联合会(IIHF)简称国际冰联，现有协会会员 32 个，分为欧洲区和太平洋区，总部设在奥地利首都维也纳，正式工作语言为英语和德语。

中国冰球协会于 1956 年加入国际冰联。

✿ 赛事

(1)奥运会冰球比赛，每 4 年 1 届。

(2)世界冰球锦标赛，每年 1 届。

发展趋势

冰球运动是将滑冰和打球相结合的体育项目,对抗性较强,因此深受国内外年轻的健身爱好者的喜爱,发展较快。

国内趋势

虽然冰球运动在我国已有 50 多年的历史,但是就目前的状况来看,中国冰球技术水平与欧洲乃至亚洲的一些队伍都还存在着一定差距。很多欧洲国家的冰球运动都已经走上了职业化道路,形成了一套成熟的竞赛和人才培养机制。而中国冰球运动还需要学习、借鉴国外先进的管理经验,提高技战术水平。

国外趋势

冰球运动在欧洲发展迅速,瑞士、瑞典、俄罗斯等国的实力都很强,另外,美国、加拿大的发展水平也很高。冰球运动的特点是速度快,对抗性强,身体接触频繁,争夺激烈。随着冰球运动的不断发展,这项运动对球员的高度与速度、技术与技巧、战术打法和身体素质等方面都提出了更高的要求。

第二节

场地、器材和装备

冰球运动对场地、器材和装备都有较高的要求。高质量的场地是冰球运动开展的前提,而良好的器材和装备则是练习者发挥较高技术水平的必要保证。

场地

场地是冰球比赛条件中一个重要的组成部分。为方便以后学习,初学者首先要对场地有一定的了解。

概述

规 格 见图 1-2-1

(1)标准冰球场地最大规格为长 61 米,宽 30 米,四角圆弧半径 8.5 米。

(2)最小规格为长 56 米,宽 26 米,四角圆弧半径 7～8.5 米。

(3)在冰球场地标有球门线、中线、分区线、开球点、争球圈、球门 区和裁判区等标志。

图 1-2-1

设 施

 **界墙** 见图 1-2-2

(1)冰球场地四周应设有 1.15～1.22 米的界墙,用木质或塑料制 成。

(2)除场地正式标记外,全部冰面和界墙内壁应为白色。

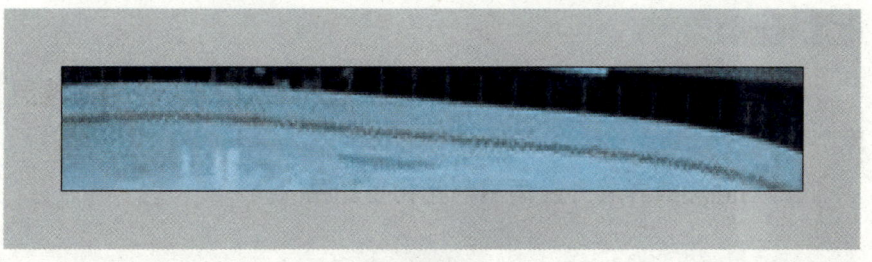

图 1-2-2

球门 见图 1-2-3

(1)球门宽 1.83 米,高 1.22 米。

(2)球门内最深处不大于 1 米或小于 0.6 厘米。

概
述

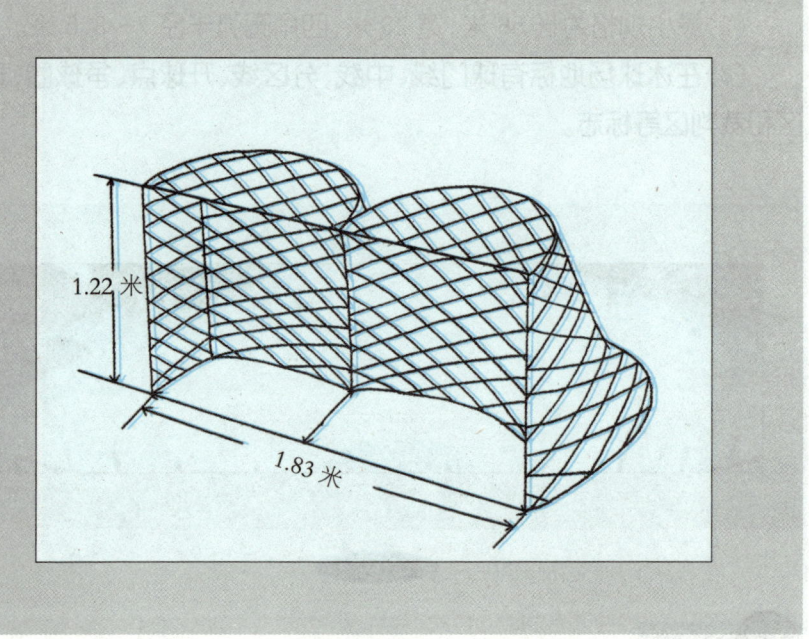

1.22 米

1.83 米

图 1-2-3

球门网和门柱 见图 1-2-4

(1)球门支架后面应覆盖门网。

(2)门柱、横梁等向外的表面为红色,向内的为白色。

其他

(1)在场地一侧的界墙外应设有分开的,供比赛队使用的球员席。

(2)对面边线界墙外设有裁判席和受罚席。

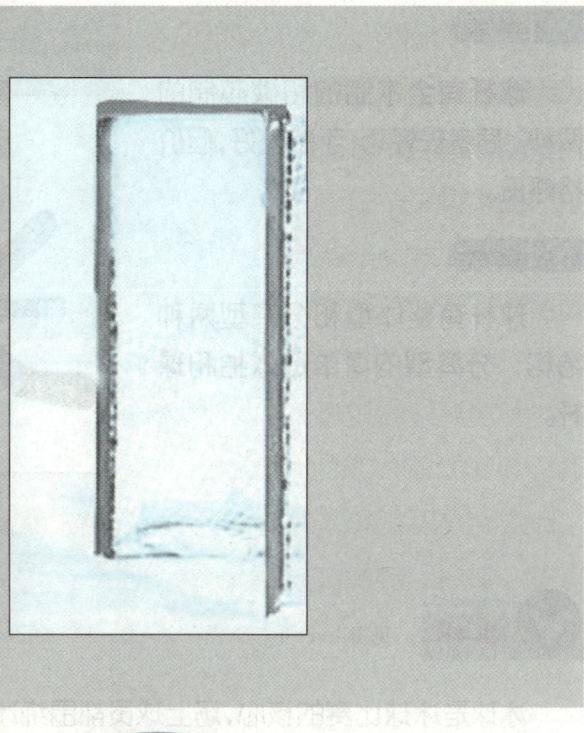

图 1-2-4

进行冰球运动的必备器材是球杆和冰球,所以初学者需要了解球杆和冰球的相关知识。

规格　见图 1-2-5

(1)球杆从根部至杆柄端不能长于 147 厘米,杆刃不能长于 32 厘米,宽为 5~7.5 厘米。

(2)守门员球杆的杆柄加宽部分从根部向上不能长于 71 厘米,不能宽于 9 厘米,杆刃不能长于 39 厘米。

材质

　　球杆有全木制的和碳芯制的两种。后者较轻巧，手感较好，但价格略贵。

结构

　　球杆有整体型和分离型两种结构，分离型的可单选球拍和球杆。

概述

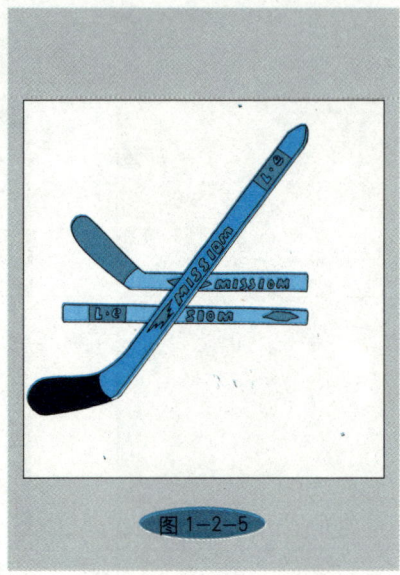

图 1-2-5

 **冰球**　见图 1-2-6

　　冰球是冰球比赛的核心，场上球员都围绕冰球展开激烈的对抗性活动。球厚 2.54 厘米，直径 7.62 厘米，重 0.156～0.17 千克。

图 1-2-6

在进行冰球运动时,舒适、合体的装备对练习者不但有安全保护作用,还有助于技战术水平的充分发挥。

 见图1-2-7

冰球比赛要求球员穿比赛服,由于是穿在护具外面,所以比赛服是冰球运动中必不可少的装备。

图1-2-7

冰球刀和鞋

 见图1-2-8

冰球刀的好坏能够影响球员滑行的速度,对初学者来说,能严重影响初学者的技术,因此建议初学者购买一把合适自己的冰球刀。

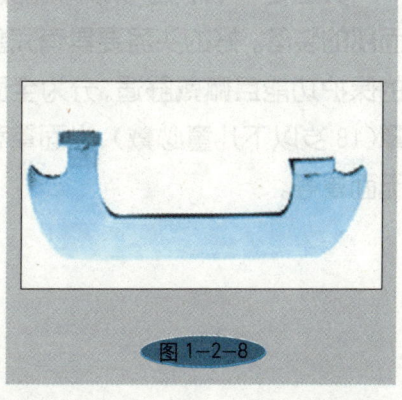

图1-2-8

冰球鞋 见图1-2-9

冰球鞋的特点是：

鞋靿较高，鞋头、帮、两踝和后跟等外层为硬质。前面的长鞋舌加上较硬的高靿，可将脚踝箍紧，帮助球员支持和用力。现在比较常见的是尼龙纤维鞋帮、塑料底的冰球鞋，坚硬、耐湿，适合室内冰场使用。

图1-2-9

概 述

护具

头盔 见图1-2-10

头盔是一种用于保护头部及面部的装备。好的头盔要具有完善的保护功能且佩戴舒适，分为全面罩（18岁以下儿童必戴）、半面罩和无面罩等。

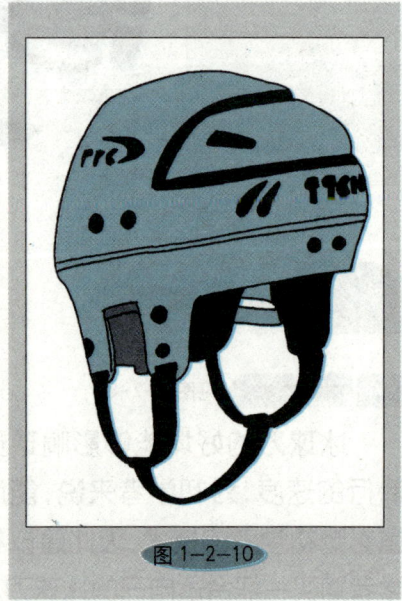

图1-2-10

护胸 见图 1-2-11

护胸主要起保护胸部和肩部的作用。好的护胸要具备重量轻、透气性好的特点。

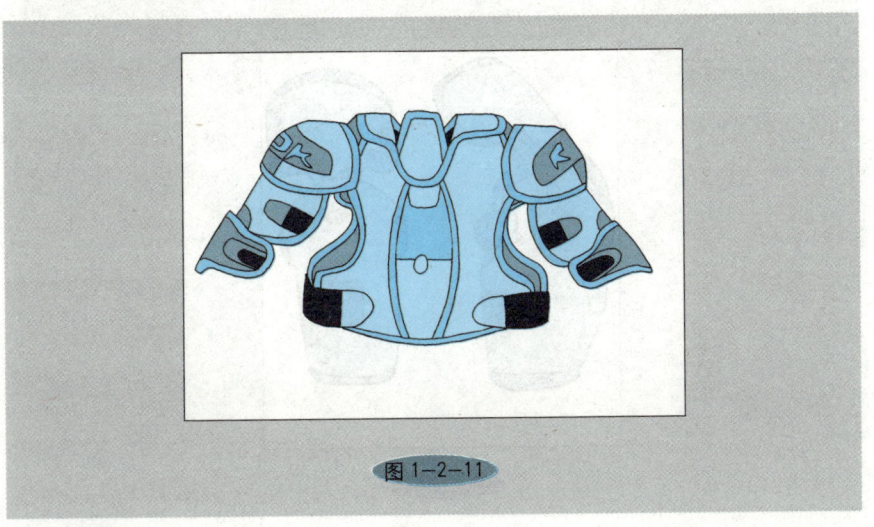

图 1-2-11

 护腿 见图 1-2-12

膝盖是滑冰者摔倒后第一个着地部位,较容易受伤。护腿可以较好地保护膝盖和小腿。

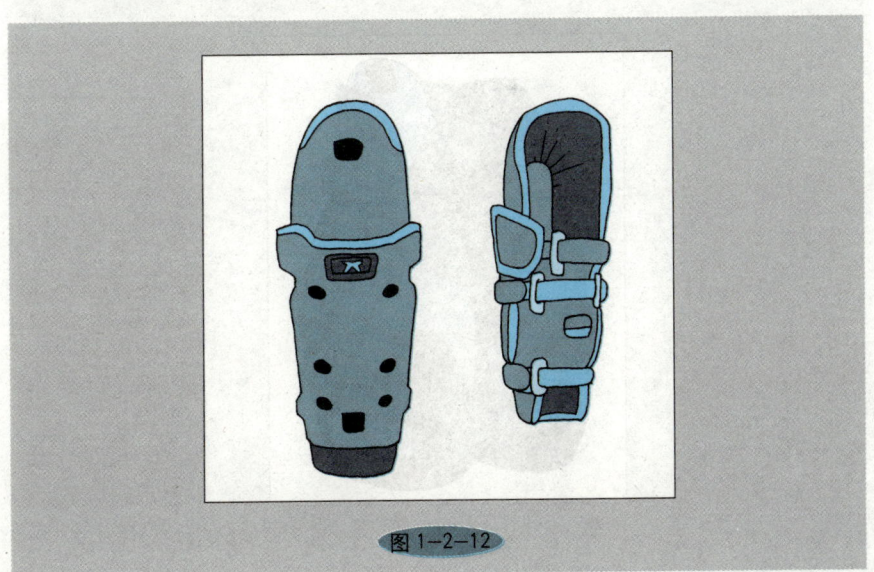

图 1-2-12

护肘 见图 1-2-13

肘部是身体最脆弱的部位，所以护肘的外部要有坚硬的外壳，内部要有柔软的海绵，其特点与护胸相似。

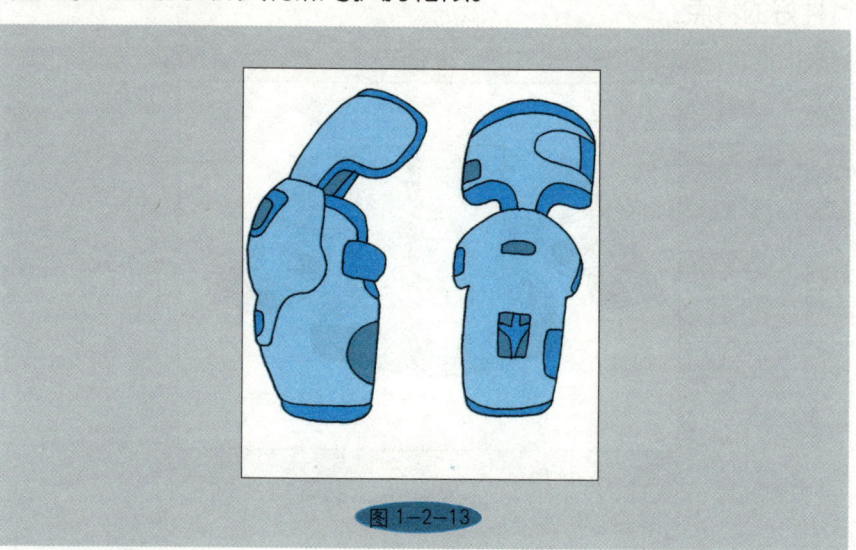

图 1-2-13

冰球裤衩 见图 1-2-14

冰球裤衩主要起到保护臀部及大腿不被冰球打伤的作用，要求坚硬、重量轻、透气性好。

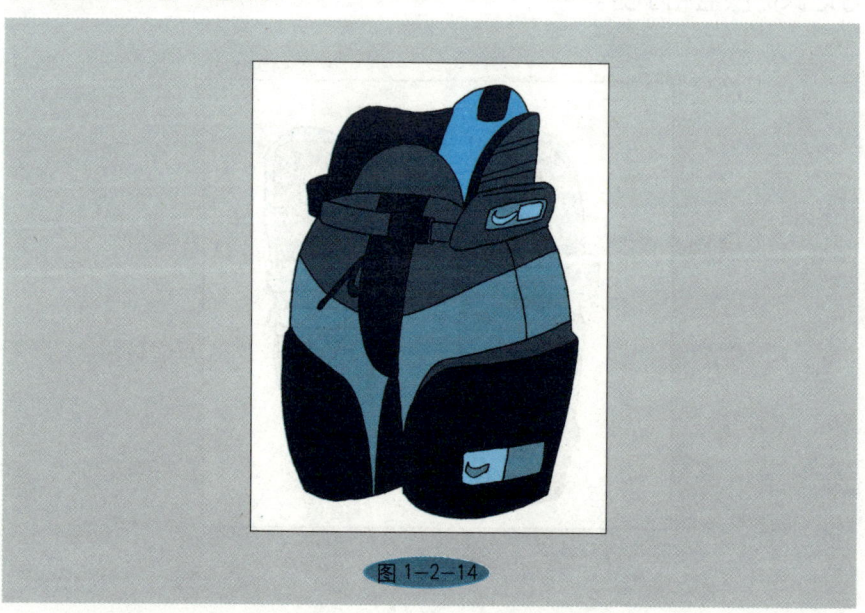

图 1-2-14

手套在冰球运动中不可缺少,要求有良好的透气性和防水性。

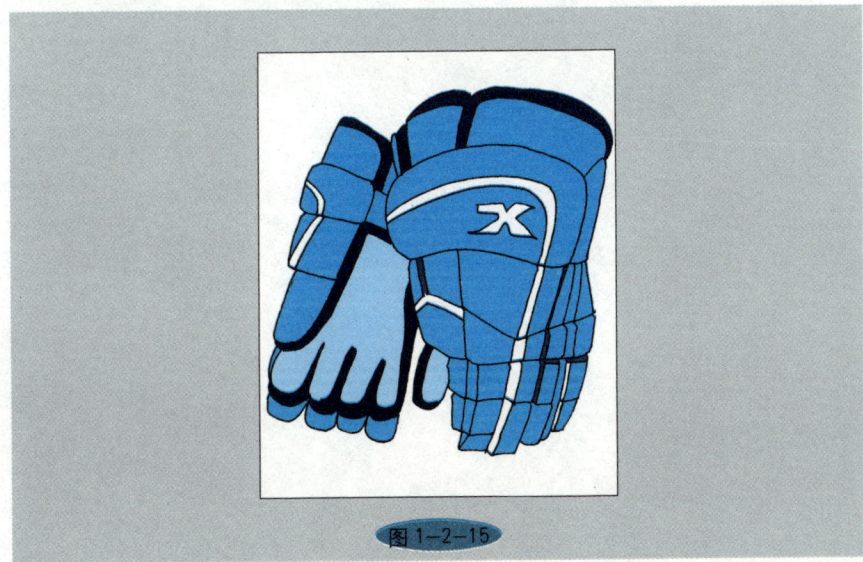

图 1-2-15

场地、器材和装备

第二章 运动保健

　　体育运动对增强体质、预防疾病和促进健康具有良好的作用。但是，并非所有人从事相同的运动都会达到同样的效果。对于同一种运动负荷，不同人机体的反应差异是很大的，即使同一个体，在不同时期、不同机能状态下，对同一负荷的反应及效果也是不一样的。因此，对于不同个体，应制定适合其机能需要的运动强度、时间、频率和持续周期。从事体育锻炼一定要讲究科学性，使机体最大限度地获得运动价值，使某些疾病得到有效的防治。

第一节

自我身体评价

　　自我身体评价是指根据个体的不同情况以及简单的功能评定标准，对锻炼者进行身体评价，并以此为依据，确定具体的锻炼内容。

 适宜人群

　　体适能是全身适应性的一部分，是人体精神和体力对现代生活的适应能力。为了促进健康，预防疾病，提高生活质量和工作学习效率，几乎所有人都可以追求健康体适能，而且经过简单的评价和测试，均可以成为目标人群，即适宜人群。

健康体适能评价标准

　　健康体适能是指身体有足够的活力和精力处理日常事务，而不会感到过度疲劳，并且还有足够的精力去享受休闲活动和应对突发事件。

　　健康体适能是确定锻炼者是否为运动适宜人群的主要依据。目前的评价标准主要包括国民体质测定标准、学生体质测定标准和普通人群体育锻炼标准等。

　　国民体质测定标准主要包括形态指标、机能指标和素质指标3个部分，各项指标的测定结果均为1～5分，共5个级别。凡各项指标达不到4分或5分者，均应被纳入健身人群。

　　学生体质测定标准分为优秀、良好、及格和不及格4个级别。优秀水平以下者，均应被纳入健身人群。

　　普通人群体育锻炼标准分为5个级别，凡达不到4分或5分者，均应被纳入健身人群。

简易运动功能评定

简易运动功能评定的目的在于确定锻炼者有无运动禁忌症或临时运动禁忌的情况，即是否适合参加体育锻炼，以达到防备万一、避免意外事故发生的目的。目前通行的方式为 3 分钟踏台阶测试。

❂ **目的**

测试锻炼者运动后心率恢复的情况，以评估其心肺功能。

❂ **器材**　见图 2-1-1

30 厘米高的长凳、节拍器、秒表和时钟。

❂ **步骤**　见表 2-1-1

图 2-1-1

（1）节拍器设定为每分钟 96 次，锻炼者依"上上下下"的节拍运动 3 分钟。

（2）锻炼者完成 3 分钟踏台阶后，5 秒钟内开始测量其脉搏，时间为 1 分钟，记录其心率，并依据下表评价其功能水平。

（3）运动后心率越低，证明其心肺功能越好。在运动强度允许的范围内，锻炼者可选择运动强度的较高值来进行运动。

表 2-1-1　**3 分钟踏台阶测试评价表**

	年龄（岁）	欠佳（次）	尚可（次）	一般（次）	良好（次）	优异（次）
男士	18~25	>115	105~114	98~104	89~97	<88
	26~35	>117	107~116	98~106	89~97	<88
	36~45	>119	112~118	103~111	95~102	<94
	46~55	>122	116~121	104~115	97~103	<96
	56~65	>119	112~118	102~111	98~101	<97
	65+	>120	114~119	103~113	96~102	<95
女士	18~25	>125	117~124	107~116	98~106	<97
	26~35	>128	119~127	111~118	98~110	<97
	36~45	>127	118~127	110~117	102~109	<101
	46~55	>127	121~126	114~120	103~113	<102
	56~65	>128	118~127	112~117	104~111	<103
	65+	>128	122~127	115~121	101~114	<100

注意事项

如锻炼者经过努力仍无法达标，或出现头晕、胸闷、出冷汗等症状，应立即终止测试。运动中应特别考虑运动强度，以防止出现意外。

锻炼目标

锻炼目标应根据锻炼者不同的身体状况来确定，可分为近期目标和远期目标。此外，确定锻炼目标还应结合锻炼者的运动意向、愿望、兴趣，以及本人的健康状况、疾病程度等因素来进行。

近期目标

近期目标是指锻炼者近期应达到的目标。在进行运动之前，应首先明确锻炼目标，即近期目标。选择一两个健康体适能构成要素，作为未来两个月内努力完成的目标，而且应从成功概率较高的构成要素开始，并将预期两个月后要达到的目标做上记号，如提高某个或某些关节的活动幅度，增强某个肌肉群的力量等。

远期目标

远期目标是指锻炼者最终要达到的目标。实践证明，经过科学合理的锻炼后，锻炼者是可以达到一般的远期目标的，如提高心肺功能，使其达到优秀的等级，或达到降血脂、防治高血压和冠心病的目的等。

运动负荷

运动负荷即运动量。怎样控制运动量，合适的运动时间是多少等，一直是人们争论不休的问题。但有一点是可以肯定的，那就是任何有关身体活动的意见和建议，都需要综合考虑锻炼者的身体状况和所要达到的目标，并以此为依据来制订科学的身体锻炼计划。

运动强度

在运动过程中，运动强度过小，则无法达到锻炼的效果；运动强度过大，不仅达不到最佳的锻炼效果，还可能产生一些副作用，甚至出现意外事故。确定运动强度有两种方法，即心率简易推测法和主观感觉疲劳分级表推测法。

心率简易推测法

（1）年龄在 20 岁左右的年轻人，身体健康，能坚持体育锻炼，欲进一步提高身体机能，可取最大心率值（最大心率值 = 220 – 年龄）的 65%～85%。

（2）年龄在 45 岁以下，身体基本健康，有运动习惯者，开始进行健身锻炼，可取最大心率值的 65%～80%，没有运动习惯者，开始进行健身锻炼，可取最大心率值的 60%～75%。

（3）年龄在 45 岁以上，身体基本健康，有运动习惯者，开始进行健身锻炼，可取最大心率值的 60%～75%，没有运动习惯者，建议根据自身情况咨询专业人员来指导和确定运动强度。

主观感觉疲劳分级表推测法   见表 2-1-2

运动的疲劳程度大致分为 10 级，具体为：0～1 级，没感觉；2～3 级，尚轻松；4～5 级，稍累；6～7 级，累；8～9 级，很累；10 级，精疲力竭。因此，健身锻炼的运动强度应控制在主观感觉疲劳程度的 4～7 级。

表 2-1-2   主观感觉疲劳分级表

0 没感觉		2 尚轻松		4 稍累		6 累		8 很累		10 精疲力竭

 运动频率

运动频率是指每日及每周锻炼的次数。一般每周锻炼 3～4 次，即隔日锻炼 1 次即可。有充足的休息时间，可使机体得到充分的休息，收到更好的锻炼效果。

 运动持续时间

运动强度和运动持续时间，决定了一次锻炼的运动量和热量消耗。运动持续时间与运动强度成反比，运动强度大，运动持续时间可相应缩短，运动强度小，则运动持续时间应相应延长。

一般的健身锻炼，运动持续时间以每天 20～60 分钟为宜，其中包括准备活动时间、健身锻炼时间和整理活动时间。每次健身锻炼应在 20 分钟以上，锻炼可一次性完成，也可分段进行，但每段的活动时间应在 10 分钟以上。

第二节

运动价值

运动价值是人们一直在探讨的问题。一般认为，运动具有两方面的价值，即健身价值和心理价值。身体和精神的健康是相互依存的，伴随着身体功能的改善，精神状况也能同时得到改善。

 健身价值

健身价值在于提高体适能。体适能包括心肺耐力素质、肌肉力量素质、柔韧性素质和身体成分等。体适能的发展是积极从事锻炼的结果，只有规律性的体育锻炼才能达到最佳的体适能。

提高心肺耐力素质

心肺耐力是指全身肌肉进行长时间运动的持久能力，是体内心肺系统对身体各细胞的供氧能力。人体的心脏、肺、血管、血液等组织的功能是心肺耐力的基础，它们与氧气和营养物质的输送以及代谢物的清除有关。健全的心肺功能是健康的基本保证。

系统的体育锻炼，可以使心肌增厚，收缩力加强，心室容积增大，从而使心脏的泵血功能增强，表现为心血输出量增加。

系统的体育锻炼，呼吸系统机能也将得到提高，表现为呼吸肌的力量增强，肺活量、肺通气量明显增加，保证对机体供氧的能力。

系统的体育锻炼，可以促进血管系统的形态、机能和调节能力产生良好的适应力，从而提高机体的工作能力。

系统的体育锻炼，可以使血液系统产生某些适应性变化，如血容量增加、血黏度下降、红细胞膜弹性增强和红细胞变形能力增强等。

提高肌肉力量素质

肌肉力量是指肌肉最大收缩产生的对抗阻力或负荷的能力。肌肉力量只有达到一定的程度，才能克服外界阻力，而克服外界阻力是维持日常生活自理、从事各种劳动和运动的必要前提。

系统的体育锻炼，可以提高肌肉的生理横断面积，可以改善神经系统对肌肉收缩的支配功能，还可以提高肌肉内代谢物质的储备量，使肌肉力量得到提高。

提高柔韧性素质

柔韧性是指人体各关节的活动幅度，即关节的肌肉、肌腱和韧带等软组织的伸展能力。柔韧性对于保证正常生活质量、维持正常体态、预防损伤发生和减轻损伤程度等方面均起到至关重要的作用。

运动价值

系统的体育锻炼，还可以延缓因年龄因素而导致的柔韧性下降，预防因缺乏运动而导致的关节结构、周围软组织和膝关节肌肉退化，从而使锻炼者的日常生活、劳动和运动等更加充满活力。

 改善身体成分

身体成分是指人体体重中的脂肪组织和去脂组织的重量百分比。身体成分中的脂肪成分增加，肌肉成分必然下降。身体中不具备收缩功能的脂肪组织增加，必然导致身体进行各种活动的能力下降，基础代谢水平降低，肥胖症、冠心病、高血压、糖尿病、高血脂等慢性疾病发病率的提高。因此，身体成分是保证人体健康的重要内容之一。

通过系统的体育锻炼，随着锻炼者体质的增强，热量消耗便随之增加，进而燃烧掉体内多余的脂肪，使身体成分得到改善。而身体成分的改善，又可以减少体重对关节可能带来的不利影响，还可以使肥胖者的心理状况得到改善，增强其自信心，使其逐步建立起健康的生活方式。

 心理价值

研究证明，有规律的体育锻炼不但可以使锻炼者增强体质、促进身体健康、预防一些慢性疾病，还可以提高锻炼者的生活满意度和生活质量，对其心理健康产生积极影响。

体育锻炼的心理健康效应主要表现在六个方面：

改善情绪状态

✿ 短期效应

研究发现，体育锻炼对人的情绪状态具有显著的短期效应。运动后人们的焦虑、抑郁、紧张和心理紊乱等症状会明显减轻，而

精力和愉快程度则明显增强。而且这种情绪的迅速变化，与锻炼者个体的健康状况、活动形式和活动强度等有着直接的联系。

 长期效应

体育锻炼对人情绪的长期效应有着直接的影响，与不锻炼者相比，有规律的锻炼者在较长时期内很少会产生焦虑、抑郁、紧张和心理紊乱等情绪。

完善个性行为特征 见表 2-2-1

人们的行为特征一般可以分为两种类型，用 A 型行为特征和 B 型行为特征来表示。A 型行为特征主要表现为性情急躁、争强好胜、容易激动、整天忙碌和做事效率高等。B 型行为特征主要表现为不好竞争、不易紧张、不赶时间、对人随和、喜欢自由自在等。具有 A 型行为特征的人由于过度紧张的情绪反应，会引起内分泌失调，增加心脏病发病的概率。目前的一些研究主要集中在体育锻炼对改变 A 型行为特征的作用方面。研究结果表明，有规律的体育锻炼能明显改变 A 型行为特征。

表 2-2-1　A、B 型个性行为特征常见表现

A 型行为特征者常见表现	B 型行为特征者常见表现
约会从来不迟到	对约会很随便
竞争意识很强	竞争意识不强
别人要讲话时总爱抢先或插话	是别人讲话时很好的听众
总是匆匆忙忙	即使有压力也从不匆忙
等待时缺乏耐心	能够耐心等待
干事时全力以赴	处事漫不经心
同时想干很多事	在一段时间里只干一件事情
讲话喜欢用加强语气，甚至敲桌子	讲话语速缓慢、不慌不忙
做了好事希望能得到别人的认可	只要自己满意即可，不管别人怎样想
吃饭、走路都很快	做事情很慢
不善与人相处	为人随和
容易暴露自己的感情	能控制自己的感情
具有广泛的兴趣	没什么业余爱好
雄心壮志	满足于目前的工作和学习状况

运动价值

确立良好自我概念

自我概念是指个体对自己身体、思想和情感的主观整体评价，它由许多自我认识组成，包括我是什么人、我主张什么和我喜欢什么等。

坚持体育锻炼，可以使锻炼者体格强健、精力充沛、提高驾驭身体的能力，从而改善对自身的满意程度，确立良好的自我概念。

改变睡眠模式

根据脑电图的显示，人的睡眠可以分为两种状态，即慢波睡眠状态和快波睡眠状态。前者为浅度睡眠状态，后者为深度睡眠状态。一夜之间两种睡眠状态会交替发生 4～5 次。

有规律的体育锻炼不仅对慢波睡眠有促进作用，而且能缩短入眠的潜伏期，并延长睡眠的时间。

改善认知能力

体育锻炼还能改善人的认知过程，避免反应时间过长、注意力不集中和思维混乱等症状的发生，尤其对老年人的认知能力改善效果更为明显。

增加心理治疗效应

体育锻炼被公认为是一种心理治疗的好方法。目前人群中常见的心理疾患是抑郁症和焦虑症。研究发现，体育锻炼是治疗抑郁症的有效手段之一，抑郁症患者经过有规律的体育锻炼，抑郁症状能明显减轻。

体育锻炼还具有治疗焦虑症的作用，通过有规律的体育锻炼，可以使锻炼者的焦虑症状明显改善。

运动保健

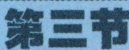

第三节

运动保护

在运动过程中，人体机能会随时发生变化。因此，应针对这种机能变化的特点来进行体育锻炼，也就是我们所说的运动保护。运动保护一般包括运动前准备、运动后放松和自我养护三个方面。

运动前准备

准备活动是指在正式运动之前进行的有目的的身体练习。做好充分的准备活动，可以缩短机体进入最佳状态的时间，同时还可以预防运动损伤的发生，为机体发挥最大的工作效率做好功能上的准备。

准备活动的作用

提高中枢神经系统兴奋状态

(1)使大脑反应速度加快，参加活动的运动中枢神经相互协调。

(2)为正式运动时生理机能达到适宜程度提前做好准备。

提高机体代谢水平

(1)准备活动可以使锻炼者体温升高，降低肌肉黏滞性，使肌肉的伸展性、柔韧性和弹性增强，从而有效预防运动损伤的发生。

(2)准备活动可以增强体内代谢酶的活性，使物质代谢水平提高，以保证运动时有较充分的能量供应。

克服内脏器官生理惰性

(1)准备活动可以提高心血管系统和呼吸系统的机能水平，使肺通气量及心血输出量增加。

(2)可以使心肌和骨骼肌的毛细血管扩张，使其工作肌获得更多的氧，从而克服内脏器官的生理惰性，使之尽快达到最佳状态。

❄ 增加皮肤毛细血管血流量

准备活动可以使皮肤毛细血管的血流量增加，运动后毛细血管扩张，有利于散热，降低体温，有效防止开始正式活动时由于体温过高而影响运动能力。

∨ 准备活动要求

❄ 准备活动时间

(1)准备活动的时间可以根据运动项目的具体情况确定，一般以10～30分钟为宜。

(2)准备活动与正式运动的间隔时间，一般以不超过15分钟为宜，可以在做完准备活动后立刻进行正式运动。

❄ 准备活动强度

(1)准备活动的强度和量应较正式运动小，以免引起不必要的疲劳。

(2)准备活动的量可以由心率来决定，心率以100～120次／分为宜。

∨ 准备活动内容

❄ 一般性准备活动

一般性准备活动的内容多以伸展运动开始，然后进行一般性的跑步、徒手体操等活动。

下面介绍一套常用的一般性准备活动操，供锻炼者运动前使用。这套活动操主要包括头部运动、肩部运动、扩胸运动、体侧运动、体转运动、髋部运动和踢腿运动等。

图 2-3-1

头部运动

头部运动的动作方法（见图 2-3-1）：两手叉腰，两脚左右开立，做头部向前、向后、向左、向右，以及绕环运动。

肩部运动

肩部运动的动作方法（见图 2-3-2）：手扶肩部，屈臂向前、向后绕环，以及直臂绕环。

图 2-3-2

扩胸运动

扩胸运动的动作方法（见图 2-3-3）：屈臂向后振动及直臂向后振动。

体侧运动

体侧运动的动作方法（见图 2-3-4）：两脚左右开立，一手叉腰，另一臂上举，并随上体向对侧振动。

体转运动

体转运动的动作方法（见图 2-3-5）：两脚左右开立，两臂体前屈，身体向左、向右有节奏地扭转。

髋部运动

髋部运动的动作方法（见图 2-3-6）：两脚左右开立，两手叉腰，髋关节放松，向左、向右 360 度旋转。

图 2-3-3

踢腿运动

踢腿运动的动作方法（见图 2-3-7）：两臂上举后振，同时一腿向后半步，重心置于前腿，两臂下摆后振，同时向前上方踢腿。

图 2-3-4

图 2-3-5

图 2-3-6

图 2-3-7

专门性准备活动

专门性准备活动的动作方法、节奏和强度等与正式锻炼相似，目的是使人体主要肌群在运动前得到动员，为正式锻炼做好准备。

 **运动后放松**

运动后放松是指运动之后所进行的一些能够加速机体功能恢复的、较轻松的身体活动。与运动前准备活动相反，其目的是使锻炼者的生理机能水平逐步得到恢复。

 **放松方法**

运动性手段

（1）运动结束后，锻炼者可采用变换运动部位的方法来消除疲劳，如上肢出现疲劳时可做一些慢跑运动，下肢出现疲劳时可做一些上肢运动。

（2）转换运动类型也是一种不错的放松方法，如打羽毛球出现疲劳时，可从事瑜伽运动来达到放松的目的。

（3）还可以用调整运动强度的方法来缓解疲劳，如可以在放松过程中，采用小强度的轻微运动方法等。

整理活动 见图 2-3-8

（1）整理活动是指运动后所做的一些能够加速机体功能恢复的身体活动，如剧烈运动后进行 3～5 分钟慢跑或其他整理活动，使身体机能得以恢复。

（2）剧烈运动后如不做整理活动而骤然停止动作，会影响氧气的补充和静脉血的回流，使机体血压降低，引起不良反应。

图 2-3-8

（1）在进行整理活动时动作应缓慢、放松，运动量不要过大，否则会引起新的疲劳。

（2）在进行整理活动时，应当保持心情舒畅、精神愉快。

锻炼后，锻炼者感觉身体疲劳是一种正常的生理现象，是体育锻炼过程中的正常反应，随着体育锻炼时间的延长，疲劳症状会自然消失。运动性疲劳出现后，锻炼者如果采用一些自我养护措施，可以加速身体机能的恢复，尽快消除疲劳，提高锻炼效果。常见的自我养护方法主要包括运动后休息、合理营养和物理手段等三种。

静止性休息 见图 2-3-9

（1）静止性休息是指锻炼者运动后保持机体相对的静止状态，以促进身体机能的恢复，尽快消除疲劳。

（2）静止性休息的最佳方式之一是睡眠，特别是刚开始从事锻炼者，身体不适应或疲劳症状明显时，更应该保证足够的睡眠，否则，锻炼者虽然积极参加了体育锻炼，但收效甚微，甚至会导致过度疲劳症状的发生。

（3）静止性休息更适合于消除全身运动导致的整体疲劳症状。

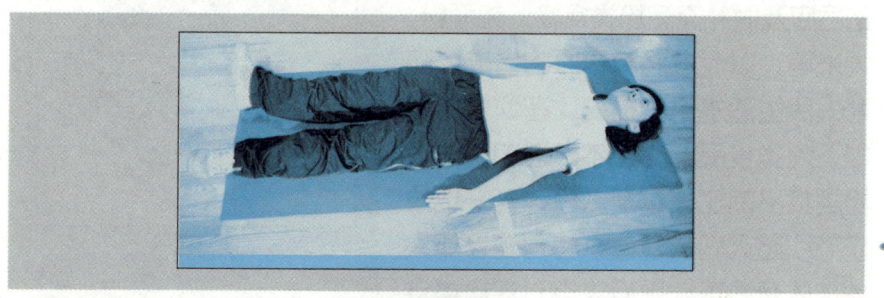

图2—3—9

积极性休息　见图2—3—10

（1）积极性休息更适合由于少量肌肉群参与工作而导致的局部疲劳，或运动强度较大而导致的快速疲劳。

（2）积极性休息可以加速血液循环，有利于代谢物排出体外，对促进身体机能的恢复具有明显的效果。

图2—3—10

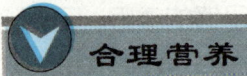 见图 2-3-11

图 2-3-11

小强度、长时间的运动形式，主要是靠糖原的有氧代谢提供能量。运动后应及时补充淀粉类食物，如面粉、大米等，以促进消耗糖原的合成。随着人民生活水平的提高，在饮食结构中，肉类食品的比重不断增加，而淀粉类食品的比重逐渐减少，这一现象应当引起人们的注意，特别是老年人参加体育锻炼，更应注意对淀粉类食物的补充。

强度较大、时间又相对较长的运动形式，主要是靠糖原的无氧代谢提供能量。这样，糖原无氧代谢产物——乳酸便会在体内大量堆积。因此，运动后应多补充蔬菜、水果等碱性食品，以加速乳酸的清除，达到尽快消除疲劳的目的。

物理手段

 按摩及牵拉 见图 2-3-12

(1)通过刺激神经末梢、皮肤结缔组织和毛细血管的按摩方法，可以使紧张的肌肉得以放松，从而改善局部组织和全身的血液循环，达到促进身体机能恢复的目的，这种方法可以在锻炼后马上进行。

(2)此外，还可以采取缓慢牵拉肌肉的方法，使收缩的肌肉得到充分的伸展放松。

水疗及电疗

(1)水疗包括芬兰式蒸汽浴、热水浴和桑拿浴等多种形式，主要作用是通过提高体温，促进血液循环，清除代谢物，以达到尽快消除疲劳、恢复体力的目的。

(2)水疗的时间一般以不超过 30 分钟为宜，如果时间过长，会进一步消耗体力，严重时甚至会出现暂时性脑缺血现象。

（3）如果条件允许，还可对疲劳的肌肉进行低频治疗。低频治疗仪的原理是模拟针灸疗法，使用时将电极用不干胶对称地粘贴在运动部位表皮上。这种疗法可以促进局部血液循环，改善组织代谢，缓解肌肉酸痛，消除疲劳。

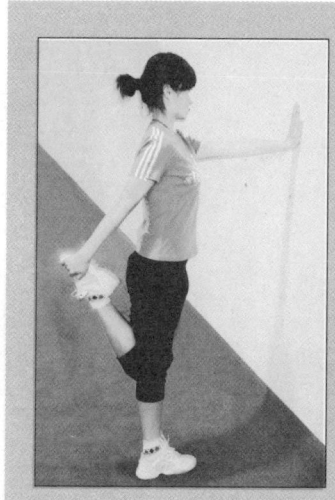

图 2-3-12

第三章 基本技术

　　冰球基本技术的练习是冰球运动技术训练的基础，也是战术训练的基础。基本技术主要包括起跑、向前滑行、转弯滑行、急停、转身、杆上技术、射门技术、抢截技术和守门员技术等。

第一节

起跑

　　起跑是指运动员从静止状态或慢速滑行中，所做的突然、快速的加速动作。在紧张激烈的比赛中，起跑通常用来摆脱对方、接应传球、突破进攻、争夺球权或回追防守等。起跑包括正面起跑和侧面起跑等。

正面起跑

　　正面起跑的动作方法（见图 3-1-1）是：

　　（1）两膝弯曲，两脚与肩同宽站立于冰面，上体略前倾。

　　（2）起跑时，上体进一步前倾，与冰面呈 45 度角，重心前移，如用左脚开始起跑，则左脚向外转，与滑行中线呈 80～90 度角。

　　（3）用左腿蹬冰，同时右腿前摆（不宜太高），右臂用力后摆，右脚下刀时，冰刀与前进的直线大约呈 50 度角。

　　（4）右脚落冰后，体重移至右腿，右腿屈膝降低重心，立即开始第二步的蹬冰动作。

45°

图 3-1-1

侧面起跑

侧面起跑是一种侧向的起动技术,一般在双脚急停后或双脚急转弯后采用,动作方法(见图 3-1-2)是。

(1)两脚开立,两刀平行,两膝弯曲,上体正直。

(2)起跑时,如向右起跑,上体向右倾斜,重心向右移动,左脚向左侧蹬冰后从右脚上跨过做交叉压步,体重移至右腿上。

(3)右腿向左侧蹬,用右刀外刃前半部切入冰面蹬冰,左刀落冰方向与运动方向垂直。

(4)跑一两步后,上体带动右髋、右腿转向正面滑行。

图 3-1-2

第二节

向前滑行

向前滑行是冰球滑行的基本技术,它直接影响着进攻和防守的速度、传接球的速度、运球的速度、身体阻截的效果、滑行中射门的速度,以及能否取得控制球权等。向前滑行包括四个阶段,即蹬冰、收腿、下刀和滑行。

如用左腿支撑滑行,则右腿蹬冰,动作方法(见图3-2-1)是:

(1)重心开始从右腿向左腿移动,用右刀刃切入冰面,向右侧用力蹬冰。

(2)依次伸展髋、膝关节和屈踝关节,用屈踝使刀前半部用力结束蹬冰动作,此时,用左脚滑行。

图 3-2-1

右腿蹬冰结束,利用蹬冰反作用力开始收腿,动作方法(见图3-2-2)是:

(1)收腿顺序是屈髋、屈膝、伸踝,大腿带动小腿,积极前提,放松过程很短。

(2)收腿时冰刀离冰面不要太高,收到滑脚(左脚)之后。

图 3-2-2

（1）出刀角度随着滑速的增加而缩小，为 36～39 度。

（2）下刀从外刃着冰开始迅速过渡到全刃着冰。

左脚蹬冰开始，右脚冰刀下刀开始滑行，左脚蹬冰结束，重心完全移到右脚上，动作方法（见图 3-2-3）是：

（1）单脚滑行应全脚着冰。

（2）滑行时，膝部垂直线应超过刀尖。

图 3-2-3

第三节
转弯滑行

转弯滑行是指改变方向的滑行。在冰球比赛中,球员往往需要改变滑行方向,这种转弯滑行是不用转身、急停而变向的最快方法,经常在切入、运球切入、过人、传接球和身体阻截中运用,包括双脚急转弯、单脚内刃转弯、单脚外刃转弯和压步转弯等。

 双脚急转弯 ◆◆◆◆◆◆◆◆◆◆

双脚急转弯动作迅速、转弯快急,动作方法(见图3-3-1)是:

(1)从向前滑行开始,收回浮脚,靠近滑脚平行的位置下刀,两脚距离同肩宽,屈膝,双手握杆,杆刃接近冰面或轻放冰上。

(2)如向左转,身体向左倾斜,重心向左移动,先转头,依次转肩和上体,自然带动腿部转动。

(3)转弯时,随着转体,两脚距离同肩宽,前后开立,左脚在前,右脚在后,体重落在两刀后半部,腿尽量向内倾斜,刀根用力,体重落在左刀外刃后半部和右刀内刃后半部,并切入冰面向外侧蹬冰。

(4)转弯超过90度后的一瞬间,身体重心向前移动,体重落在前脚上,右腿做压步,左脚在右脚下伸展膝关节,用力蹬冰加速,结束双脚急转弯动作。

图 3-3-1

 单脚内刃转弯

单脚内刃转弯技术容易接向前起跑动作,常在运球摆脱对方和防守顶人时使用,动作方法(见图3-3-2)是:

(1)从向前滑行开始,浮足收回靠近滑行腿,滑行腿膝部弯曲,上体略前倾,体重落在支撑脚上,抬头,杆接近冰面。

(2)如向左转,身体向左倾斜,右脚支撑,左脚抬起,右刀内刃切入冰面。

(3)转弯到90度以后,右腿伸展蹬冰,身体继续向左转90度,开始向前起跑结束转弯。

图 3-3-2

单脚外刃转弯常用于速度不大的转身抢球或运球进攻,动作方法(见图 3-3-3)是:

(1)从向前滑行开始,浮腿收回靠近滑脚,支撑腿膝关节略屈,杆刃接近冰面。

(2)转弯时,如向左转,身体向左倾斜,头部、上体向左转,并带动左腿向左转动,左刀外刃着冰,体重落在左刀外刃上。

(3)转弯结束后,右脚接压步或侧面起跑。

图 3-3-3

压步转弯

冰球比赛中,运动员要有高度的灵敏性和速度,在转弯中不仅不减速,反而要增加速度,为此要学会并熟练掌握压步转弯技术,动作方法(见图 3-3-4)是:

(1)从向前滑行和转弯滑行开始,压步之前,膝关节适当伸直,重心提高。

(2)压步开始时,如向左压步,身体向左倾斜,体重放在右脚上,向右侧蹬冰,左脚用外刃滑行。

(3)右腿蹬冰结束,体重完全移到左腿,右腿抬离冰面,在左脚上做交叉压步,同时左脚做侧蹬冰。

(4)右脚全刃着冰后,膝部弯曲,重心移到右脚内刃上,用右脚内刃滑行。

(5)左腿充分蹬直后向前收腿,然后用外刃着冰开始第二步的压步。

图 3-3-4

第四节

急停

急停是运动员从有速度的滑行状态到静止状态的一项技术,常在冰球突然停止、对方队员突然停止、运用假动作、避免越位、躲闪和改变滑行方向时使用,包括双脚侧急停、单脚内刃急停和单脚外刃急停等。

双脚侧急停

双脚侧急停是最常用和最有效的急停方法,适用于高速中突然改变运动方向,并且容易接下一个动作。整个动作可分为预备和急停两个阶段,动作方法(见图3-4-1)是:

(1)预备阶段:身体向前滑行,准备急停时,两腿靠拢,膝关节适当伸直,重心略升高,两刀同肩宽,手握杆放于体前。

(2)急停阶段:急停时,重心向侧后方移动,头、肩、上体急转并带动两脚急转,与前进方向呈90度角,屈膝用力蹬冰,如向右侧急停,则右刀在前,左刀在后,两刀以加大支撑面,体重放在两刀前半部,用右刀外内刃前半部切入冰面,增加制动摩擦力。

图3-4-1

 **单脚内刃急停**

单脚内刃急停容易接下一个动作，在慢滑和运球时经常使用，动作方法（见图 3-4-2）是：

（1）单脚急停之前，如向左停，左脚离开冰面，放在右脚之后，上体预先向左转动，带动右脚急剧转动，与前进方向垂直，体重放在右脚前半部，冰刀内刃切入冰面压冰，膝部用力蹬冰，重心后移。

（2）停止滑行后立即向反方向做起跑动作。

（3）向右急停和向左急停动作相同，只是方向相反。

图 3-4-2

 **单脚外刃急停**

单脚外刃急停也常用来连接下一个动作，其动作方法（见图 3-4-3）是：

（1）急停时，支撑腿膝部弯曲，体重放在支撑脚上。

（2）如向左急停，则右脚靠近左脚，上体带动左脚向左急剧转动，左脚用力蹬冰，身体重心后移，左刀外刃切入冰面压冰。

（3）停止滑行后，立即向回做侧面起跑。

（4）向右急停和向左急停动作相同，只是方向相反。

图 3-4-3

第五节

转身

　　转身也是一种变向，这种变向不同于滑行中的转弯，它是一种沿着身体纵轴的转体动作，其目的是观察形势、加快滑行速度、争夺球权、阻截对方队员以及射门等。转身包括滑行转身—正滑变倒滑、滑行转身—倒滑变正滑、压步转身—正滑变倒滑和压步转身—倒滑变正滑等。

滑行转身—正滑变倒滑

　　滑行转身—正滑变倒滑是一种基本的转身技术，特别是后卫更应熟练掌握。其动作方法（见图 3-5-1）是：

　　（1）从向前滑行开始，向右转身时，先把重心移到左脚上，收回右脚，靠近左脚，上体垂直于冰面。

　　（2）转身时，两手握杆放于身体右侧前方，重心向右移动，左刀刀跟向左外转动大约45度,伸展膝关节向下蹬冰,使身体重心提高,以左刀尖为轴,身体开始转动。

(3)头、肩、上体、髋迅速向右旋转,带动右腿转至大约135度后,右刀着冰,体重移到右脚上,屈右膝,收回左脚,两脚距离同肩宽立于冰面,开始倒滑。

(4)向左转身和向右转身动作相同,只是方向相反。

图 3-5-1

滑行转身——倒滑变正滑

后卫在防守中被对方前锋绕过之后,必须向对方转体,这时可使用滑行转身——倒滑变正滑技术,动作方法(见图3-5-2)是:

(1)从倒滑开始,如向左转身,则先把重心移至右脚上,左脚向右脚靠拢,右膝略屈,上体正直,两手握杆放于身体侧前方。

(2)转身时,重心向右移动,右刀跟向右外转动大约45度,内刃着冰并伸直右膝,以右刀尖为轴开始转身。

(3)先转动头,依次转肩,带动左腿转动大约135度后,左刀着冰,左膝弯曲,重心落在左腿上,收回右腿,结束转身动作,接着向前滑行。

(4)向右转身和向左转身动作相同,只是方向相反。

图 3—5—2

压步转身—正滑变倒滑

防守队员位于进攻队员侧前方时，常用压步转身靠近并面对进攻队员进行阻截。其动作方法（见图 3—5—3）是：

（1）从正滑开始，做压步转身前，上体垂直，膝关节适当仰直。

（2）压步后，如向左转，则立即伸展右脚向下蹬冰，同时要转头，依次转上体并带动左腿向左后转动，转体 180 度。

（3）左脚着冰，左腿弯曲，重心落在左脚上，右脚收回，两脚距离同肩宽立于冰面，开始倒滑。

（4）向右压步转身和向左压步转身动作相同，只是方向相反。

图 3-5-3

压步转身—倒滑变正滑

压步转身—倒滑变正滑动作对后卫来说很重要,动作速度比压步转身—正滑变倒滑要快,在比赛中经常使用,后卫队员应熟练掌握,动作方法(见图 3-5-4)是:

(1)从倒滑开始,做压步转身前,膝关节适当伸直,上体直立并抬头,双手握杆,两脚靠拢。

(2)如向左转身,则开始向左做倒滑压步。

(3)压步之后,右腿迅速伸展蹬直,略向左转,并以右刀尖为轴,开始向左转身。

(4)先转动头,依次转手臂、肩、上体,并带动左腿外旋转动,与前进方向成 180 度角后,左刀着冰,左膝弯曲,身体重心落在左腿上,收回右腿,两脚距离同肩宽立于冰面,开始向前加速滑行。

(5)向右压步转身和向左压步转身动作相同,只是方向相反。

图 3-5-4

第六节

杆上技术

　　一名优秀的冰球运动员,不但要熟练地掌握滑行技术,而且要全面地掌握各种杆上技术,这样才能在激烈的比赛中掌握主动权,取得胜利。杆上技术包括球杆握法、运球和传接球等。

　　球杆握法是冰球运动最基础的技术之一,其动作方法(见图3-6-1)是:

　　(1)以一只手灵活有力地握住球杆的上端。

　　(2)另一只手握在距上手 20～25 厘米处。

　　(3)肩部和上臂要放松,以便快速灵活地做动作。

　　(4)上手肘关节屈呈 100～120 度角,下手臂放松伸直。

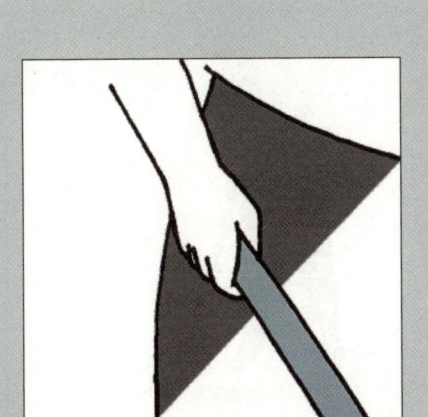

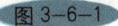

图 3-6-1

运球是指滑行过程中对球的控制,包括拨球运球、推球运球和倒滑运球等。

拨球运球便于随时改变运球方向和将球射出,常在过人、晃守门员、准备传球和射门时使用。初学拨球运球时,应从静止开始练习,动作方法(见图 3-6-2)是:

(1)用滑行的基本姿势——坐姿。

(2)目视前方,用余光看球。

(3)两手适力握紧,上下手要略靠近些,距离为 20～25 厘米,伸向腹前,肩部和上臂放松。

(4)用杆刃中部扣住球,通过腕的转动左右拨运。

图 3—6—2

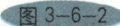

推球运球

推球运球是最快的运球方法,常在前面没有对方队员阻截或离对方较远时使用,包括单手推运球和双手推运球等。

❋ 单手推运球

单手推运球的动作方法是:

(1)用上手握杆,将球拨到握杆手一侧,球杆伸到前方,杆刃后半部扣住球。

(2)球滑到杆刃的前半部时,略改变杆刃角度,再将球串到后半部,如果运球距离较长,可向外转动手腕,使杆刃与冰球垂直,从后面推球向前滑行。

(3)不持杆手可做摆臂动作,协调配合两腿蹬冰,以便提高滑行速度。

❋ 双手推运球

双手推运球的动作方法是:

(1)将球拨到下手一侧,推球向前滑行。

(2)如果无人阻截,可将球向前推离出杆刃,再迅速追上,继续控制球。

倒滑运球

倒滑运球是一种较高水平的运球技术,常在摆脱对方的抢截并寻找时机传球或组织反攻时使用,动作方法(见图 3-6-3)是:

(1)上体直立,抬头,目视全场,用余光看球。

(2)杆刃平放于冰面,甩杆刃中部扣住球,向后拉或拨球(拨球次数要少)。

(3)如向左转弯,压步时,杆刃放在球的右前方,向左后方拉球。

(4)向右倒滑运球和向左倒滑运球动作相同,只是方向相反。

图 3-6-3

传接球是完成进攻战术配合的主要手段,也是个人技术与全队战术配合之间的纽带,包括传球和接球。

传球包括正手传球、反手传球和传腾空球等。

正手传球

正手传球是用得最多,也是最基本的传球方法,动作方法(见图3-6-4)是:

(1)球放在杆刃中部,球拍向前倾斜扣住球。

(2)肩对目标传球时,将球拨到后脚旁,用拍顺冰面向前脚扫球。

(3)重心从后脚移到前脚,球从杆刃中部向前转动,拍尖指向传球方向。

(4)最后向内转动一下手腕,用杆刃贴冰面抽压冰球,使之旋转离拍,顺冰面平稳滑动传出。

(5)若胸对目标传球,是因为同队队员在前面,传球前要把球拨到体侧,用上手后拉、下手前推的动作将球传出。

图3-6-4

 **反手传球**

反手传球是经常使用的一种传球方法，动作方法（见图 3-6-5）是：

(1) 和正手传球相似，握杆的两手放在腹前，将球拨到上手一侧。

(2) 传球时，两手相向运动，下手先用力顺冰面扫球，通过手臂的转动，使球转动离拍传出。

图 3-6-5

传腾空球

传腾空球常在超越障碍（如球杆）、把球传给同队队员时使用，另外，控制球的队员想绕过两个后卫时，也可用这种方法将球挑起超越对方，然后追上去继续控制球。传腾空球的动作方法（见图 3-6-6）是：

(1) 球在身体前方，重心在前脚，杆刃中部接触冰球。

(2) 用腕力向上、向前挥动球杆，杆刃向后仰，使球从拍刃的后半部向拍尖转动传出。

图 3-6-6

 接球

接球是战术配合的一个重要环节,包括正拍接球、反拍接球、冰刀接球、杆柄接球和接腾空球等。

正拍接球

正拍接球是最基本的接球方法,只有熟练地掌握正拍接球,才能掌握好其他较复杂的接球方法。其动作方法(见图 3-6-7)是:

(1)接球前,两手适力握住杆柄,手腕要灵活,两肩要放松,将杆刃平放在冰面上。

(2)接球时,要使杆刃与来球方向垂直,并将杆刃向来球方向伸出。

(3)杆刃接触球时,根据球的速度向后引球杆,以减缓球的冲力,同时要使杆刃前倾与冰面所成角度小于直角,将球扣住,以防球弹出或跳动。

图3-6-7

反拍接球

队员的反拍接球技术如果薄弱,就可能在比赛中失去球权,贻误良好的战机,甚至造成不利局面,因此反拍接球非常重要。其动作方法(见图3-6-8)是:

(1)和正拍接球的动作方法基本相同,两手握住球杆,手腕要灵活自如,两肩要放松。

(2)杆刃与来球方向垂直,接触球拍时向后缓冲,并扣住球。

(3)注意用杆刃的后半部接球,如果用前半部,球就会顺着弯曲的杆刃前半部向前反弹出去。

图 3—6—8

 **冰刀接球**

如果球传到脚下或身后,可以用冰刀接球,以便继续运球或射门。其动作方法(见图 3—6—9)是:

(1)球传到前面的滑行脚旁时,可用冰刀斜挡到球拍上,但不要踢球。

(2)球传到身后时,可用后脚冰刀斜挡到前面的球杆上,也不要踢球。

图 3—6—9

杆柄接球

杆柄接球的动作方法(见图3-6-10)是:

(1)当球传到前方较远处时,将一膝跪下,将杆柄平放在冰面上。

(2)向前伸出杆柄将球接住,再用杆刃将球钩回,然后站起控制球。

图3-6-10

接腾空球

用手或用杆来接腾空球是接腾空球的两种方法,要求冰上技术熟练,接球速度要快而准确,难度比较大。其动作方法(见图3-6-11)是:

(1)用手接腾空球时,手指放松,用手指接触球,以便缓冲,使球落于球杆附近,立即用杆控制住。

(2)用杆接腾空球时,用杆刃或杆柄将球从空中打落到冰面上,再进行控制。

图 3-6-11

第七节

射门技术

射门得分是决定比赛胜负的关键,因此,良好的射门意识和快速准确的射门技术是非常重要的。射门技术包括拉射(扫射)、反拍射门、弹射、击射和挑射等。

拉射是最基本的射门方法,初学者应该首先掌握,动作方法(见图3-7-1)是:

(1)肩对射球目标,将球先拨到后脚一侧,用杆刃后半部扣住。

(2)目视射球目标,余光看球,使球靠近门的正面,取得较好的射门角度,一旦决定射门,起拍要快,顺冰面向前拉球,同时重心由后脚移向前脚。

(3)球扫过前脚之后,顺势继续挥拍,指向射球目标,转动下手手腕抽打球,使球从杆刃后半部转至杆刃尖部飞离球拍。

(4)如想射高球,则在下方的握杆手向上转动手腕。

(5)如想射低球,则向下方转动下手手腕。

图 3-7-1

 反拍射门

反拍射门的方向变化大,守门员难以判断和防范,其动作方法(见图 3-7-2)是:

(1)开始时球在后脚处,用杆刃扣住,重心落在后腿上。

(2)两手向前挥拍,同时重心开始移向前脚,两手挥拍逐渐加快,最后通过扣腕顺势挥拍,指向目标,使球从拍尖旋转而出,飞向射球目标。

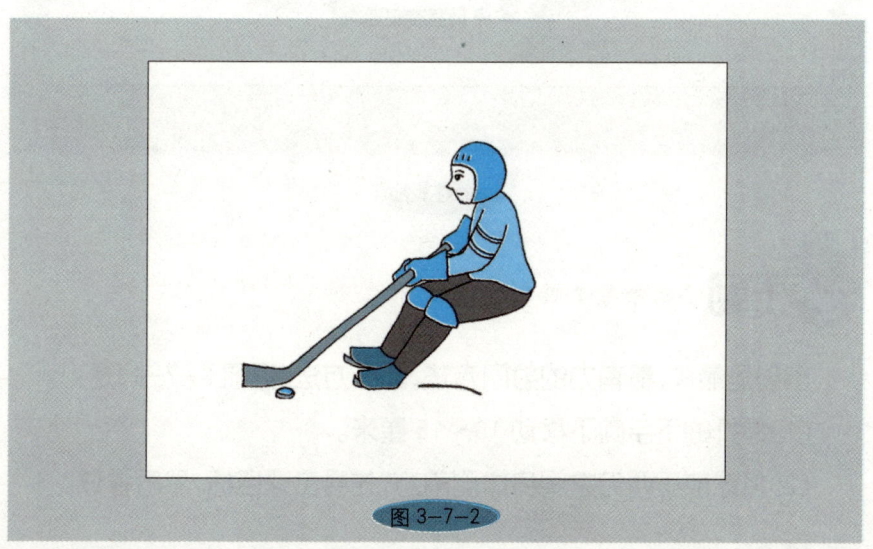

图 3-7-2

弹射主要使用腕力,其特点是没有拉杆的缓慢动作。快速而准确地弹射可以防止对方破坏,增加得分机会,动作方法(见图3-7-3)是:

(1)下手握杆比拉射略低,球杆先向后摆30~50厘米。

(2)两腕向后翻转,杆刃平行于冰面,然后向前用力挥拍。

(3)当杆刃接触球的一瞬间,突然用力屈腕,使球从杆刃的后半部转向前半部,飞离冰面和球拍。

图 3-7-3

击射是最快、最有力的射门方法,动作方法(见图3-7-4)是:

(1)握杆的下手向下移动10~15厘米。

(2)将球放于两刀之间身体侧前方,先看击球目标,然后看球。

（3）上体向后转动，将杆向后上方举起，两膝略屈，姿势要低。

（4）两手紧握球杆，下手手腕固定，从后向前迅速挥拍，杆刃击在球后几厘米的冰面上，冰面反作用力使杆弯曲变形，产生弹力，然后接触冰球边缘，使球从杆刃后半部向前半部转动。

（5）最后前脚内转蹬冰，使重心后移，以增加向前的惯力。

（6）目视目标，顺势挥拍指向目标，将球击出。

图3-7-4

在对方门前，当守门员跪下或躺下防守时，进攻队员可将球向后拉回再挑起，使之从守门员身体上方飞入球门得分，这称为挑射，动作方法（见图3-7-5）是：

（1）球靠近前脚，用两腕突然向上翻转发力，将球挑起，突然抖手腕并顺势用力向上挥拍，使球从守门员身体上方飞入球门。

（2）挑球时，重心始终落在后脚上。

图 3-7-5

第八节
抢截技术

　　抢截技术是破坏对方进攻十分有效的技术，抢截技术的好坏取决于滑行技术的掌握程度、抢截动作的速度和力量、抢截的时机以及勇敢顽强的精神。抢截技术主要包括用杆抢球和用身体抢截。

　　用杆抢球是依靠熟练的滑行技术和杆上技术从对方手中抢球，或者破坏对方进攻的方法，包括戳球抢截、鱼跃戳球、勾球抢截等。

　　戳球抢截是常用的、有效的抢截方法之一，所有队员都可以使用，动作方法（见图 3-8-1）是：

　　（1）抬头，目视带球队员，用余光看球，一手握杆，屈肘，将杆放在身体前冰面上，另一手靠近身体。

　　（2）抢截时，突然用力将臂伸直，用拍刃将球从进攻队员拍上截掉。

（3）如果截球成功，则应立即上去争夺球。

（4）如果戳球失败，则应马上恢复戳球抢截姿势，继续寻找机会再截。

图 3-8-1

 鱼跃戳球

当对方队员晃过防守队员准备射门时，防守队员可采用最后的手段——鱼跃戳球，动作方法（见图 3-8-2）是：

（1）戳球时，用力蹬冰，在进攻队员侧方向前鱼跃，目视冰球。

（2）用球拍顺冰面把球从对方拍上戳掉，破坏对方的射门动作。

图 3-8-2

勾球抢截

勾球抢截是从后面或侧面向带球人进行抢截,抢截时,要寻找好时机,动作方法(见图3-8-3)是:

(1)靠近对方一侧的腿屈膝蹲下,伸出手臂,把拍刃平放在冰面上。

(2)向靠近自己的一侧扫球,也可使杆平行于冰面向外侧击打,然后抢截球。

(3)后卫在倒滑防守时,对方队员从外侧绕过去,后卫要面对他做转身动作,尽可能靠近他,然后蹲下,用勾球抢球,把球从他的拍上勾向自己。

图 3-8-3

冰球规则允许合理冲撞,身体的位置、重心的高低、时机的选择、平衡能力、力量和勇敢精神都直接影响冲撞的效果。用身体抢截包括肩部冲撞、臀部冲撞和向板墙挤贴等。

 **肩部冲撞**

肩部冲撞时,要记住在身体接触之前不允许滑跑两步以上,否则就会被判罚。肩部冲撞的动作方法(见图3-8-4)是:

(1)用肩部冲撞时要降低身体重心,膝部弯曲,两脚距离比肩略宽,交错分开,上体向前倾斜,但背要挺直,保持抬头,对准对方队员胸部正中进行冲撞。

(2)冲撞时,身体转向侧方,一脚在前,一脚在后,后脚用力蹬冰冲向对方,后刀外转,用内刃前半部切入冰面,不持杆的手上举到头部做保护。

(3)身体接触后,后腿用力向下蹬冰将对方撞倒,然后立即抢球。

图3-8-4

 臀部冲撞

后卫用臀部冲撞较多,例如后卫在倒滑时,发现进攻队员企图在身后沿边线界墙绕过,而自己与界墙之间又只有很小的空间,则可用臀部冲撞进行阻截,动作方法(见图3-8-5)是:

(1)冲撞时,身体略前蹲,如向左冲撞,则以左刀为轴,用右刀内刃蹬冰,使身体迅速向右转动,用臀部用力冲撞对方的大腿。

(2)冲撞之后马上去抢球,如果有同伴抢球,可以继续阻截对方。

图3-8-5

 抢截技术

067

向板墙挤贴

向板墙挤贴常在回追抢截时使用，动作方法（见图3-8-6）是：

（1）挤贴时，防守队员应先于对方到达板墙，用臂和身体把对方挤贴在板墙上，并用臂和身体拦住其沿板墙前进的通路。

（2）向板墙挤贴时，重心要降低，两膝弯曲，两腿分开较宽，以保持平衡。

图3-8-6

第九节

守门员技术

守门员作为球队的最后一道防守闸门，在比赛中的最重要性毋庸置疑。守门员技术包括基本站位姿势和防守技术等。

基本站位姿势

基本站位姿势包括蹲踞式、站立式和蝶式等。

蹲踞式

蹲踞式是一种较低的守门姿势,特点是腿的动作快,两手的动作也要快,便于防守低球,动作方法(见图3—9—1)是:

(1)抬头,挺胸,上体从腰开始前倾。

(2)两腿膝关节深屈并内收,两脚距离与肩同宽,以便保持平衡和向任何方向做动作。

(3)两臂放松,接球手张开,与膝平行放于体侧,随时准备接球。

图3—9—1

站立式

站立式是一种较高的守门姿势,特点是上体能防守较大面积,动作方法(见图3—9—2)是:

(1)两腿并拢,两膝略屈。

(2)背挺直,上体略向前倾。

(3)手握杆柄中上部,接球手做准备抓球姿势。

图 3-9-2

 蝶式

蝶式站位也叫开立式,动作方法(见图 3-9-3)是:

(1)两腿较宽,开立呈"A"形。

(2)背挺直,上体深度前倾,抬头向前看。

(3)球拍放在两腿间,手握球杆宽柄处,抓球手上举张开,做准备抓球姿势。

图 3-9-3

防守技术

防守技术包括抓球、半分腿挡球、全分腿挡球、双腿侧躺挡球、蝶式跪挡、侧踢球、刀挡球和戳球等。

抓球

抓球常在球射到膝部以上或身上时使用,它对停球和控制球极为重要,动作方法是:

（1）抓手始终张开,保持准备抓球的姿势。

（2）抓到球后,应放在冰上用杆传给同伴或打到门后、板墙角。

半分腿挡球

半分腿挡球对防守阻挡射到两侧的球极为有效,动作方法（见图3-9-4）是:

（1）一腿跪下,另一腿踢出。

（2）身体略前倾,抓手张开,准备抓球。

图3-9-4

▼ 全分腿挡球

全分腿挡球常用来阻挡射到远侧的下角球，动作方法（见图3-9-5）是：

（1）两腿在冰上迅速分开。

（2）同时举起抓手防守射高球。

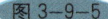

图3-9-5

▼ 双腿侧躺挡球

双腿侧躺挡球常在对付晃门及远侧冰面球时使用，动作方法（见图3-9-6）是：

（1）侧躺时重心放在前腿上，后腿离开冰面。

（2）同时重心侧移，两腿向一侧滑倒，一腿压在另一腿的上面，挡手或抓手在上（取决于向哪边倒）准备防高球。

图 3—9—6

 蝶式跪挡

蝶式跪挡常在对付晃门及冰面球时使用,动作方法(见图 3—9—7)是:

(1)双膝内收,两小腿外展,护腿内侧支撑。

(2)背挺直,抓手向上,球拍位于两腿中间。

(3)射球一侧的冰刀必须伸过球门柱。

图 3—9—7

侧踢球

侧踢球常在对付侧面的快速低射球时使用，动作方法（见图 3-9-8）是：

（1）如果向右侧踢，体重落在左腿上，用力蹬冰，重心向右侧移动，用护腿正面对着球。

（2）向左侧踢和向右侧踢动作相同，只是方向相反。

图 3-9-8

 刀挡球

刀挡球常在防守射底角球时使用，动作方法（见图 3-9-9）是：冰刀转向射球方向，呈 90 度角，刀刃全部着冰。

图 3-9-9

戳球

戳球常在对付晃门或混战时使用，动作方法（见图 3-9-10）是：

（1）迅速果断地用球拍戳球，完成防守动作，但要保持好平衡。

（2）如果进攻队员从握杆手一侧切入，守门员可以把拍翻过来完成戳球阻截。

图 3-9-10

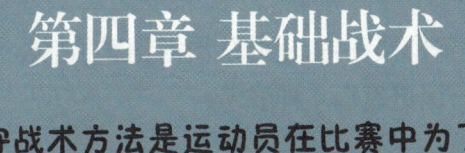

第四章 基础战术

　　攻守战术方法是运动员在比赛中为了完成整体战术配合,而采取的分工配合方法。现代冰球运动的打法是全攻全守型,代替了过去后卫防守、前锋进攻的旧打法。进攻时后卫要积极助攻和打门,同时前锋在防守时更是要积极助守,竭尽全力地去抢截球,从而破坏对方的进攻。冰球运动的基础战术包括进攻战术、防守战术和特殊战术等。

第一节

进攻战术

　　冰球运动的进攻战术是指在比赛中为了突破对方的防守、创造机会打门得分而采取的有效方法和手段，包括守区进攻战术、中区进攻战术和攻区进攻战术等。

守区进攻战术 ◆◆◆◆◆◆◆◆

　　在守区，包括守门员在内，任何队员得到球后都要迅速转守为攻，积极参加进攻。守区进攻有 4 种战术：

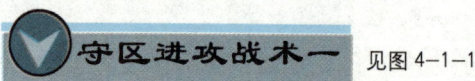

守区进攻战术一　　见图 4-1-1

　　②号队员得球后直接传给向空当滑跑的⑤号队员，尽量造成一打零的局面。

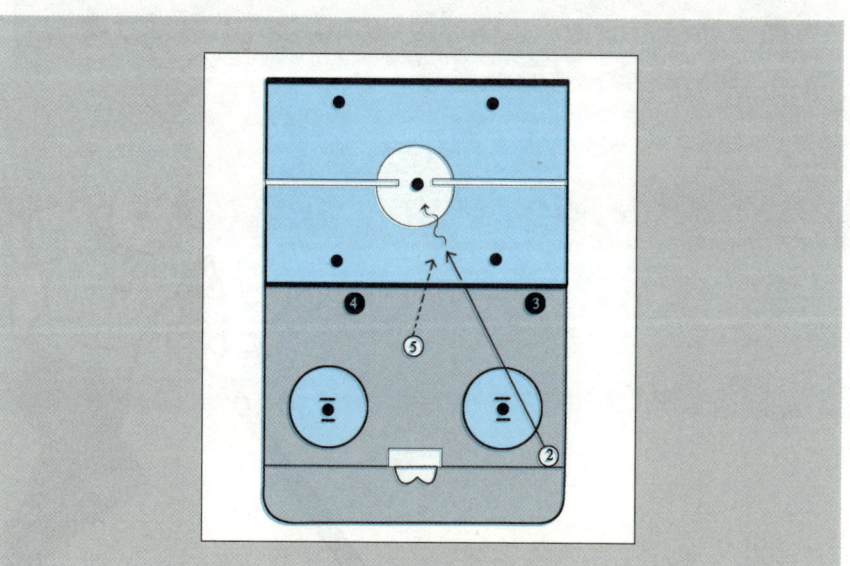

图 4-1-1

守区进攻战术二 见图4—1—2

（1）④号队员控制了球，右边锋⑩号队员向中间滑动插上。

（2）同时左边锋⑦号队员向右边滑跑牵扯❷号队员向中间滑动。

（3）中锋⑤号队员向左侧快速滑跑接应④号队员传球，在可能的情况下④号队员也可以直接传给换位的⑦号和⑩号队员。

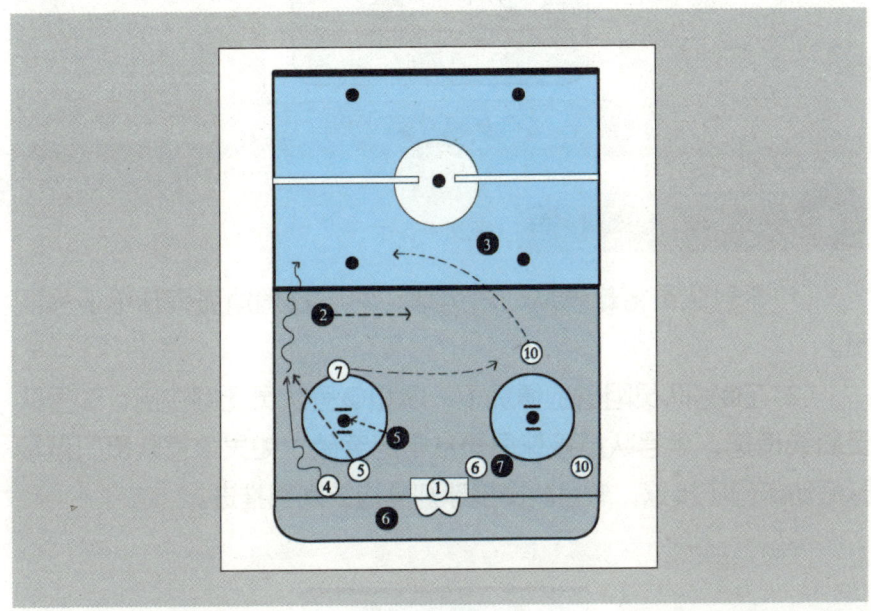

图4—1—2

 **守区进攻战术三** 见图4—1—3

（1）⑮号队员在门后得球，⑫和⑭号队员迂回接应。

（2）⑮号队员根据情况将球传给⑫或⑭号队员。

（3）当⑫和⑭号队员得球后，⑬号队员应斜插接应，⑫和⑭号队员直接传给⑬号队员中路突破。

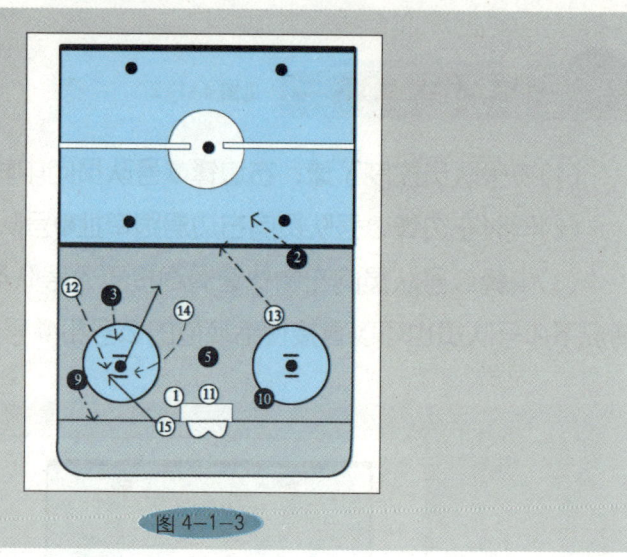

图 4-1-3

 守区进攻战术四　见图 4-1-4

　　（1）②号队员得球后从门后运球，然后顺墙角弧传球给③号队员。

　　（2）在❾号队员阻截的情况下，④和⑤号队员迂回接应，③号队员斜线传球，④号队员接球后便从中路突破，如果④号队员只做接球假动作但不接球，⑤号队员接球则从边线向前推进。

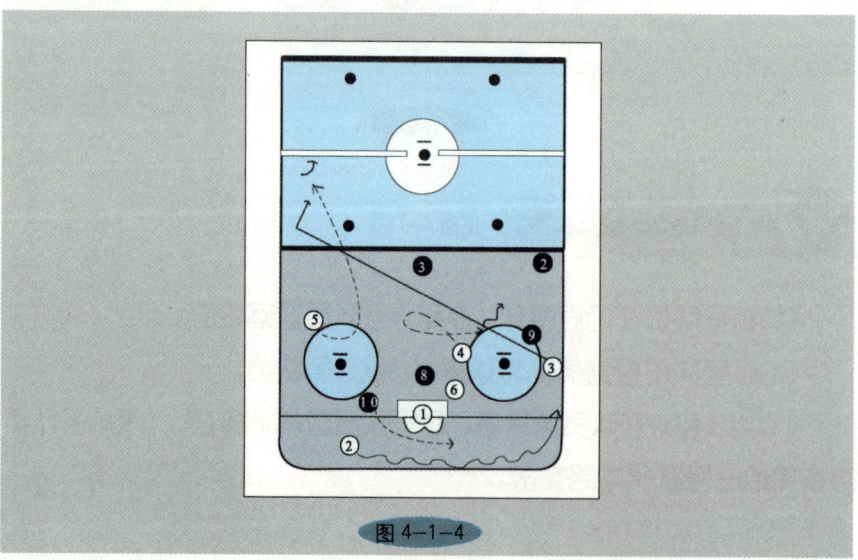

图 4-1-4

中区进攻战术

中区推进一般有直线传球、斜线传球、交叉换位、回传转移等方法,中区进攻有 6 种战术。

中区进攻战术一 见图 4-1-5

(1)⑧号队员出守区后向前推进,⑦号队员斜插接应。

(2)⑧号队员直接传给⑦号队员,⑦号队员推进到攻区。

(3)⑧号队员传球后快速滑到⑦号队员的左锋位置进攻区。

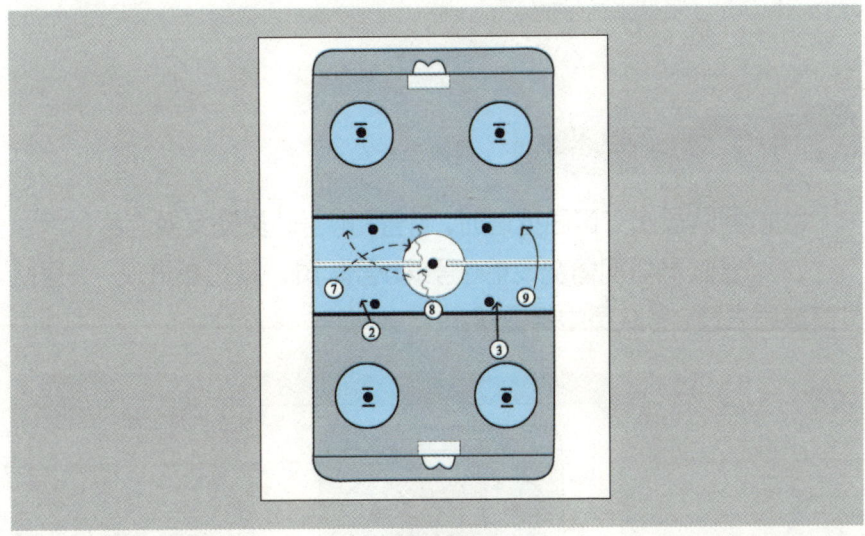

图 4-1-5

中区进攻战术二 见图 4-1-6

(1)⑩号队员出守区后在推进中斜传给⑨号队员,⑩号队员传球后积极地直线滑行至攻区蓝线前。

(2)⑨号队员接得球后直接进攻区,或再斜传给⑩号队员而进入攻区。

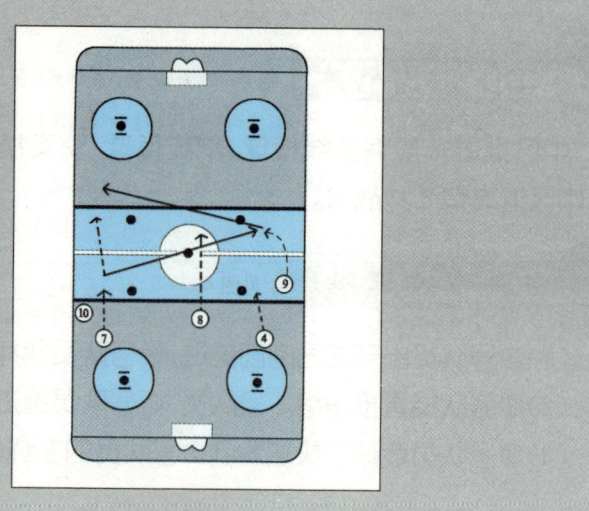

图 4-1-6

 **中区进攻战术三** 见图 4-1-7

（1）⑫号队员出守区后推进时，⑪号和⑬号队员交叉换位。

（2）⑫号队员可视情况传给⑬号或⑪号队员，从边线进攻，⑫号队员传球后去替⑪号队员中锋位置。

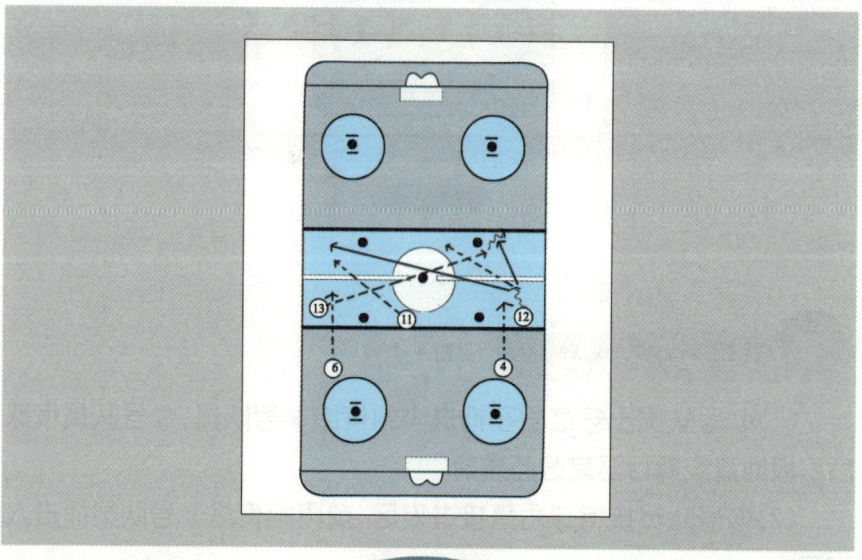

图 4-1-7

中区进攻战术四 见图4-1-8

（1）④号队员在推进中受对方❿号队员阻截，将球回传转移给⑦号队员。

（2）⑦号队员根据情况可斜传给⑥号队员，也可传给斜插接应的⑧号队员，由他们向攻区继续进攻。

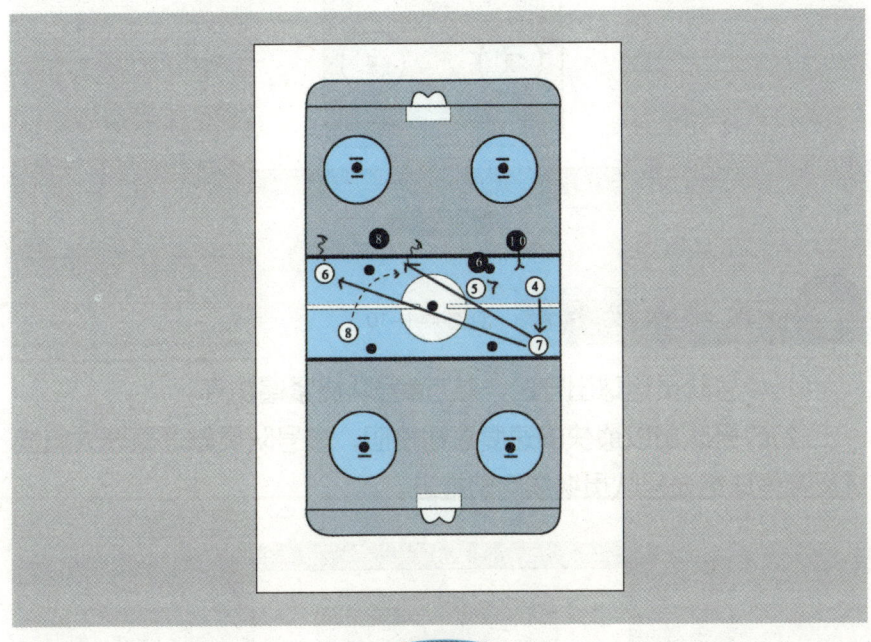

图4-1-8

 **中区进攻战术五** 见图4-1-9

（1）⑭号队员在推进中受对方⓳号队员阻截回传转移给⑰号队员。

（2）⑯号队员迂回接应⑰号队员，⑮号与⑯号队员做交叉跑换位，⑰号队员将球传给⑯号队员从中路推进到攻区。

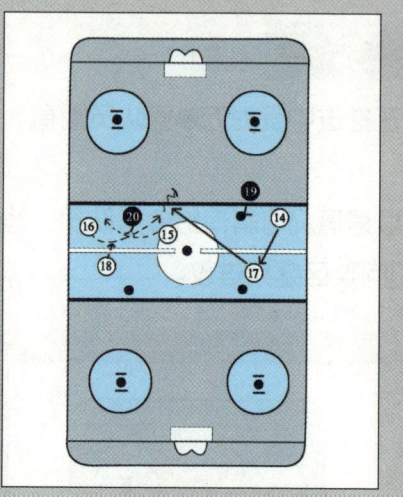

图 4-1-9

中区进攻战术六

见图 4-1-10

（1）④号队员运球出守区，对方❼号队员紧逼防守。

（2）⑧号队员以最快的速度直插接应，④号队员做远距离大斜线或反弹传球给⑧号队员继续向前推进。

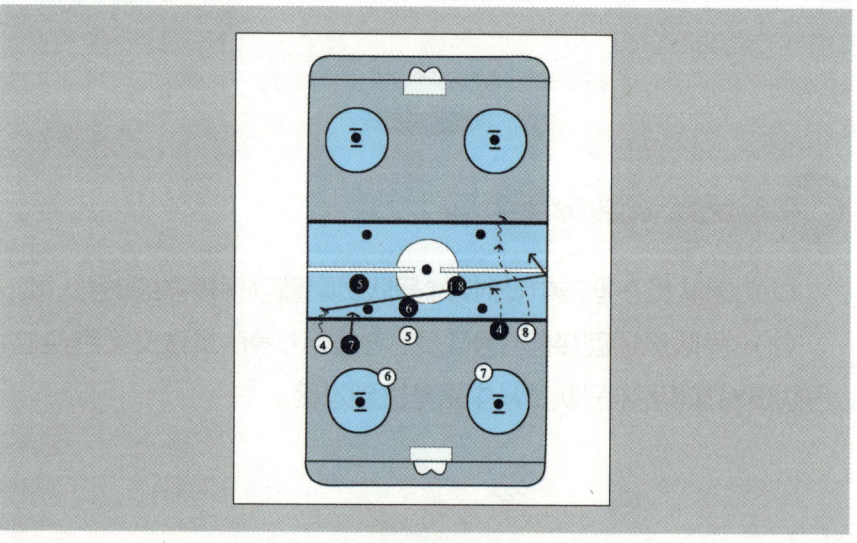

图 4-1-10

攻区进攻战术

　　推进到攻区后,最主要的是如何将球射进球门,如果没机会马上射门,要竭尽全力将球控制住,按预定的阵形落位,防止盲目地传球。攻区的基本阵形有 "2-1-2"(见图 4-1-11)、"1-2-2"(见图 4-1-12)、"2-2-1"(见图 4-1-13)。攻区进攻包括 6 种战术。

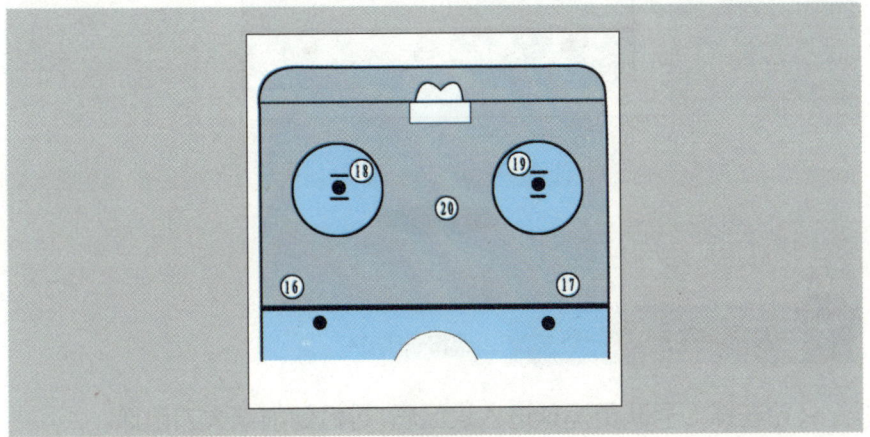

图 4-1-11

图 4-1-12

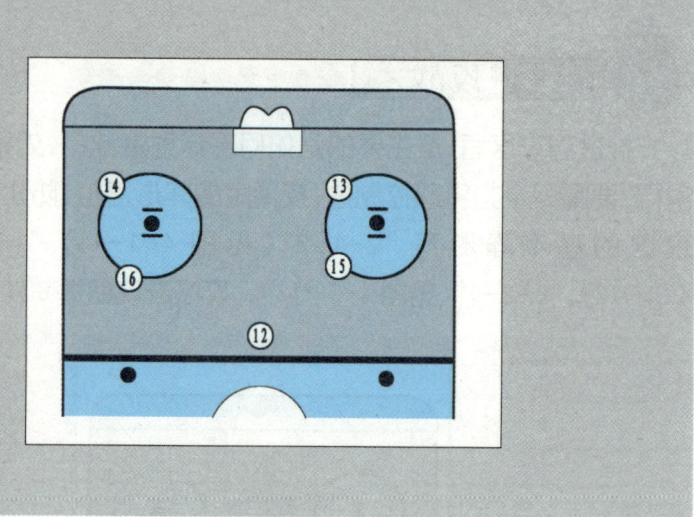

图 4-1-13

 **攻区进攻战术一** 见图 4-1-14

（1）左锋⑥号队员运球进入攻区后，寻机劲射或大力击球。

（2）⑤号和④号队员迅速插到门前待补射。

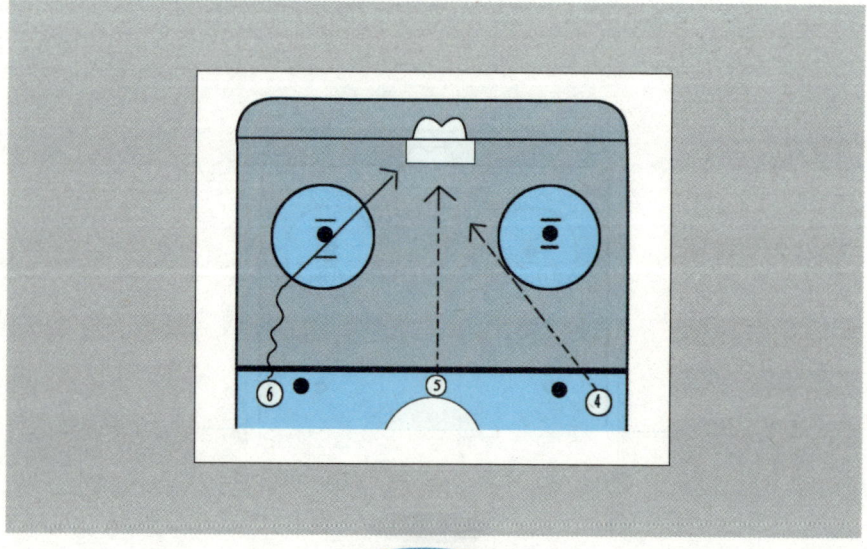

图 4-1-14

 **攻区进攻战术二** 见图 4-1-15

(1)左边锋⑲号队员运球突破进入攻区后向两端区争球圈中间切入，遇对方❷队员阻截时，将球留给跟进的⑱号队员。

(2)⑱号队员得球后大力击门或将球传给斜插接应的左边锋⑰号队员，⑰号队员得球后射门。

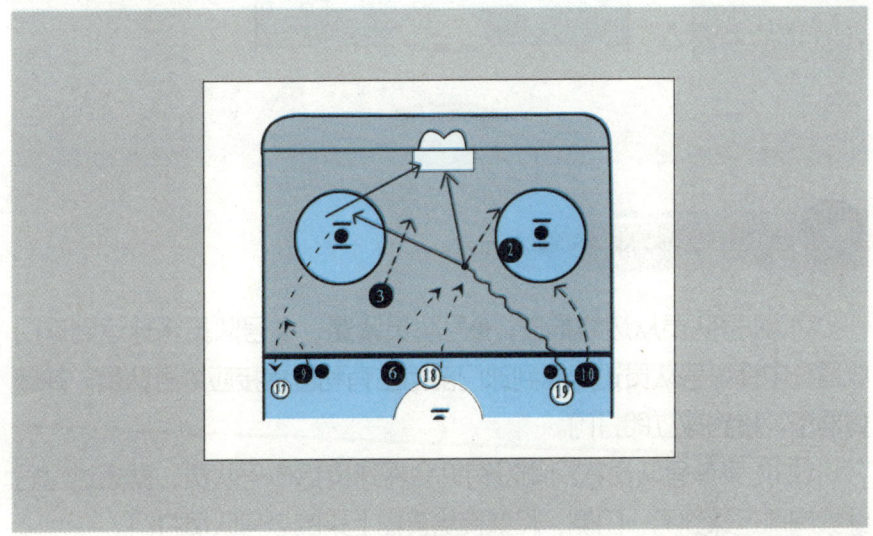

图 4-1-15

 **攻区进攻战术三** 见图 4-1-16

(1)右边锋⑦号队员将球传给中锋⑨号队员，⑨号队员打门或传给左边锋⑩号队员打门。

(2)或者⑦号队员运球至球门区附近，传球给⑨号队员，⑨号队员打门或传给⑩号队员打门，也可以直接传给⑩号队员打门。

进
攻
战
术

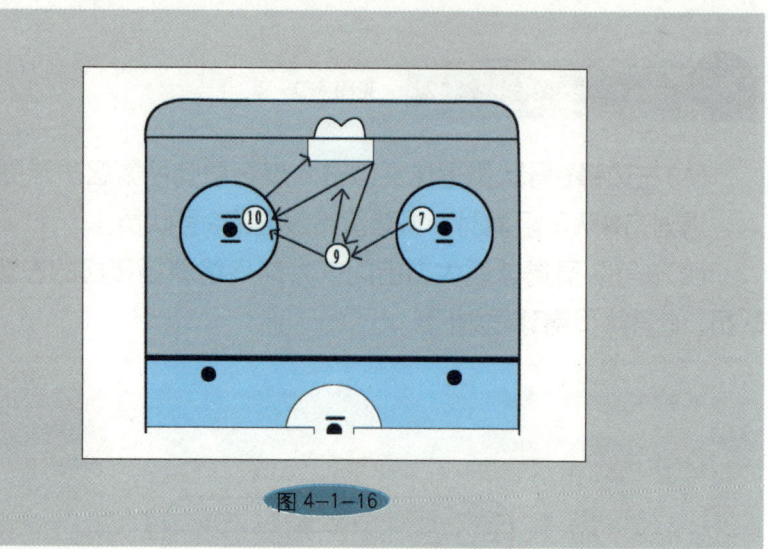

图 4-1-16

 攻区进攻战术四　见图 4-1-17

（1）⑩号队员从边线推进，❽号队员紧逼，⑩号队员将球运到球门线后，中锋⑤号队员迅速插到球门前抢占有利位置接应⑩号队员，并做好准备，接到球立即打门。

（2）如果⑩号队员在门侧没有机会将球传给⑤号队员，就通过门后继续向前运球到另一门侧，将球传给直插上来的⑦号队员打门。

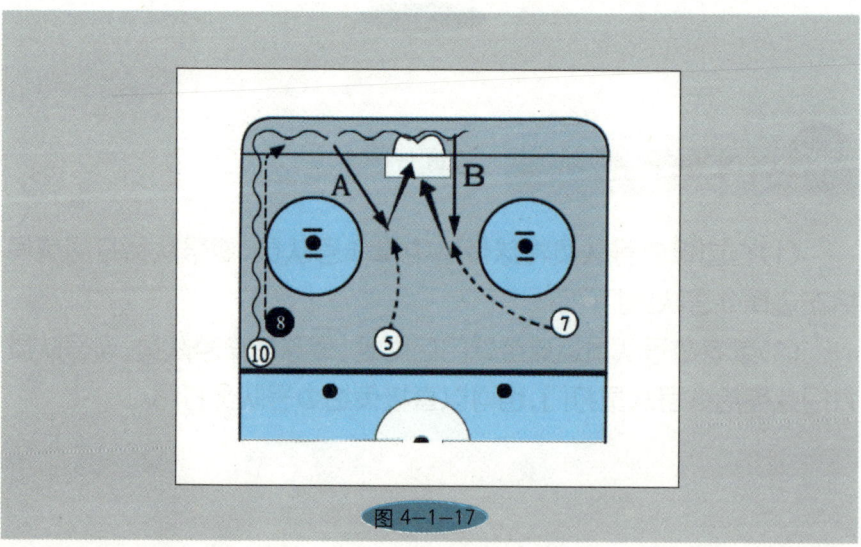

图 4-1-17

 **攻区进攻战术五** 见图 4-1-18

（1）⑳号队员从左路运球，在通往球门后的路上都不能向门前传球，在此情况下便传给后卫②号队员。

（2）②号队员又传给另一后卫③号队员，③号队员直插接球后便大力击球打门。

（3）⑪号和⑳号队员去门前补射。

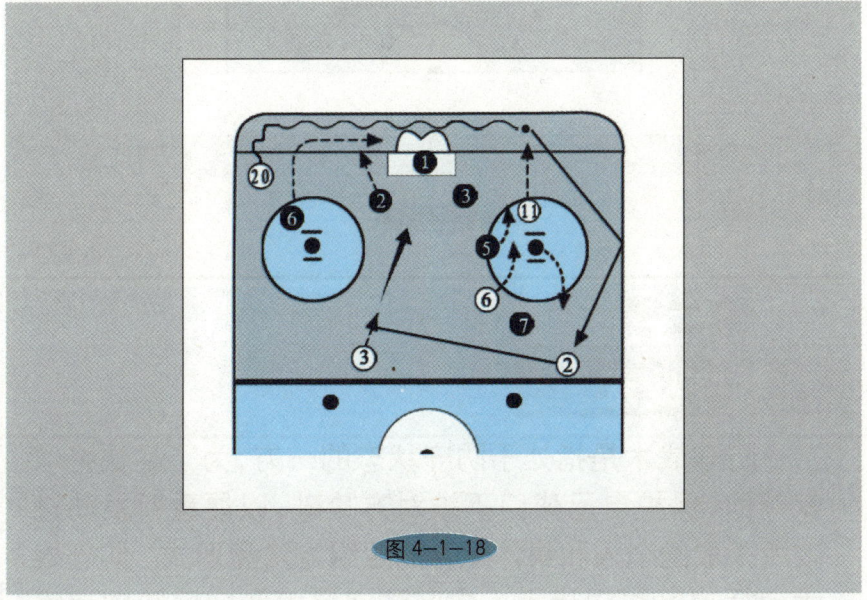

图 4-1-18

 攻区进攻战术六 见图 4-1-19

　⑥号队员顺球门线运球，没有机会传给门前同伴，便直接传给后卫③号队员，③号队员插上接球击门。

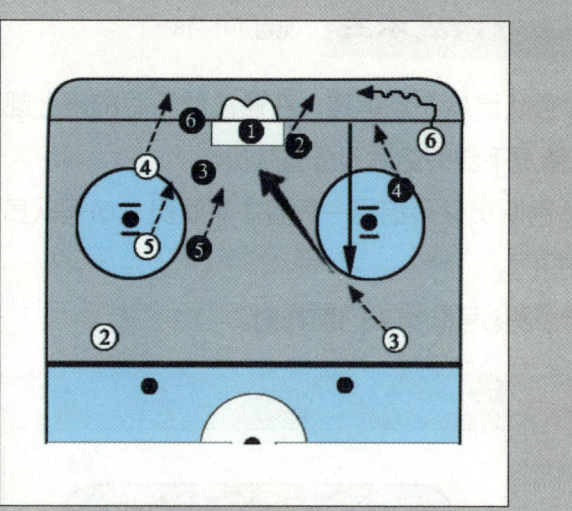

图 4-1-19

第二节

防守战术

　　防守战术是指处于防守状态的一方,为了尽快将球权夺回,保护自己球门不被对方攻破,以便重新发动进攻所采取的个人和集体配合的组织方法和形式。防守战术包括攻区防守战术、中区防守战术和守区防守战术等。

 攻区防守战术 ◆◆◆◆◆◆◆◆◆

攻区防守包括 3 种战术。

 "1-2-2"攻区防守战术　　见图 4-2-1

(1)③号队员得球后,中锋⑤号队员前去阻截③号队员的进攻。

（2）边锋❹和❻号队员截断对方③号队员和④号、⑥号队员的传球路线。

（3）后卫❷号、❸号队员监视对方⑤号队员不让其从中路突破，❷号、❸号队员既不能轻易地深入攻区抢截，也不能盲目地撤出攻区，要看住蓝线，尽量不让球出攻区。

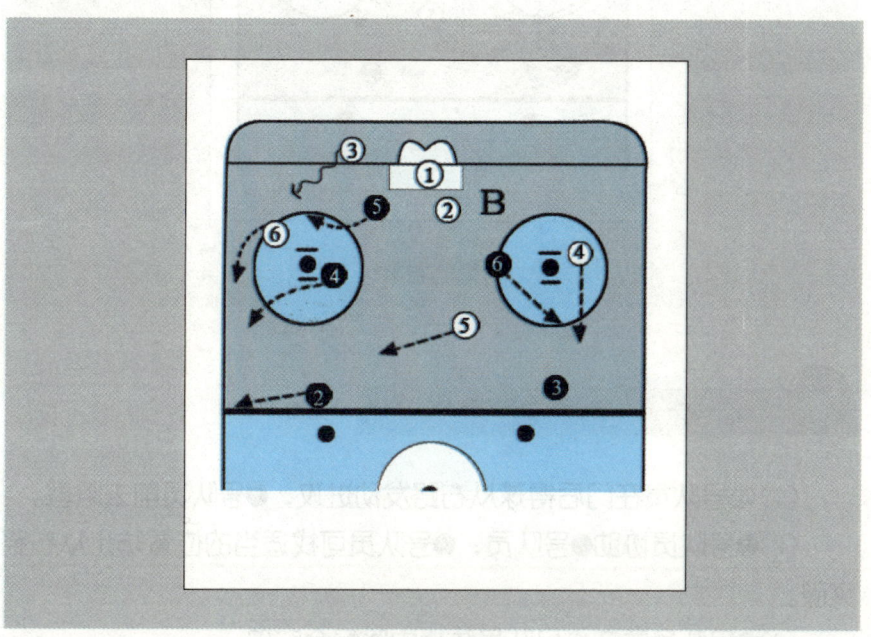

图 4-2-1

 "2-1-2"攻区防守战术　　见图 4-2-2

（1）后卫③号队员得球后，传给边锋⑥号队员运球进攻。

（2）❽号队员前去防守，❺号队员要看守⑤号队员，❾号队员要看守⑦号队员，后卫❸号队员去界墙附近防止⑥号队员出攻区，后卫❷号队员要倒滑防止⑦号队员突破。

（3）如果⑥号队员将球传给⑤号队员时，除了❺号队员去阻截外，❸号队员也应去阻截。

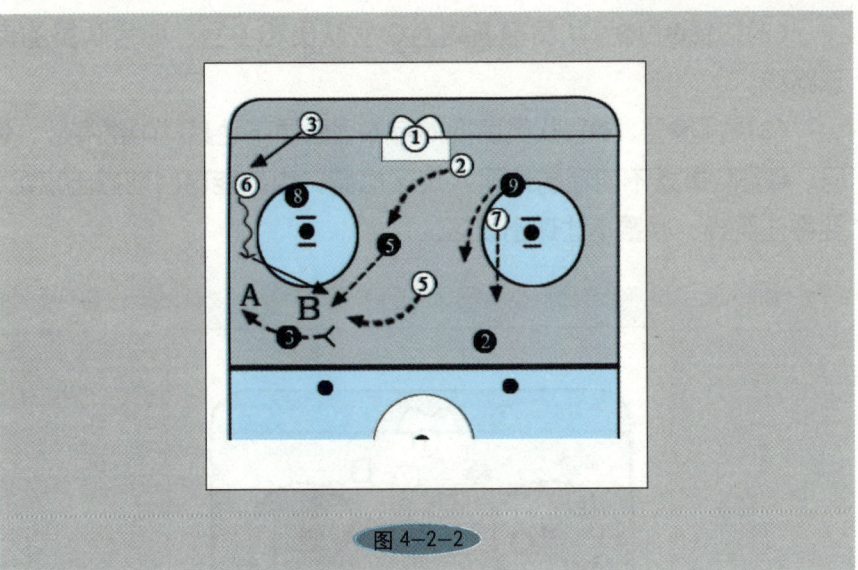

图 4-2-2

 "2-2-1"攻区防守战术 见图 4-2-3

(1)⑥号队员在门后得球从右路发动进攻，❼号队员前去阻截。

(2)❺号队员协助❼号队员，❷号队员可找适当的位置防止从右路突破。

(3)❸号队员看守⑤号队员防止中路配合突破。

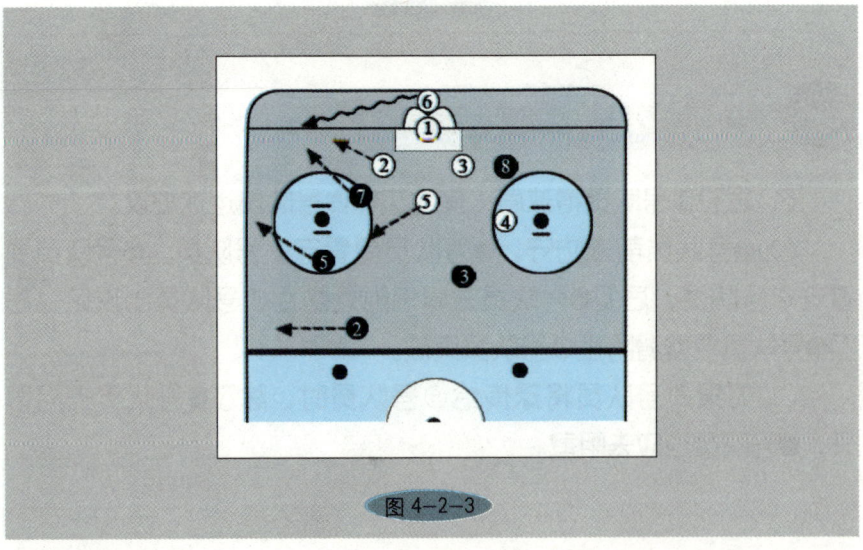

图 4-2-3

中区防守战术

中区防守包括两种战术。

"1-2-2"中区防守战术

见图4-2-4

(1)攻方⑤号队员运球推进，中锋⑤号队员前去阻截。

(2)边锋④号和⑥号队员要分别看住⑥号和④号队员。

(3)❸号队员和❷号队员在守区蓝线前防守，一是防止中路突破，二是协助边锋不让对方进入守区。

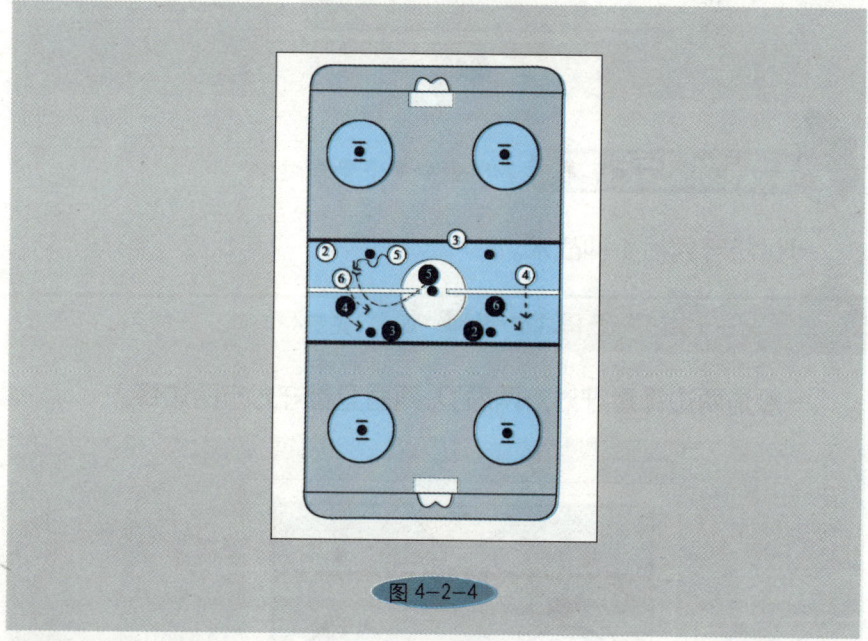

图4-2-4

"2-1-2"中区防守战术

见图4-2-5

(1)攻方右边锋⑥号队员运球推进，中锋⑤号队员准备接应⑥号队员。

(2)中锋❺号队员一定要盯住⑤号队员，左边锋❼号队员积极地去阻截⑥号队员的球。

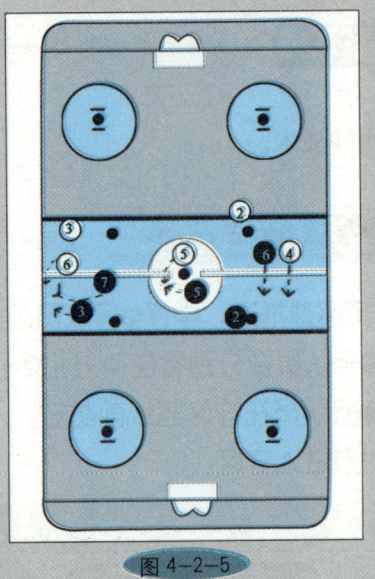

图 4-2-5

守区防守战术

守区防守包括 4 种战术。

"2-1-2"守区防守战术 见图 4-2-6

一般是两边锋看守对方两后卫,两后卫看守对方两边锋。

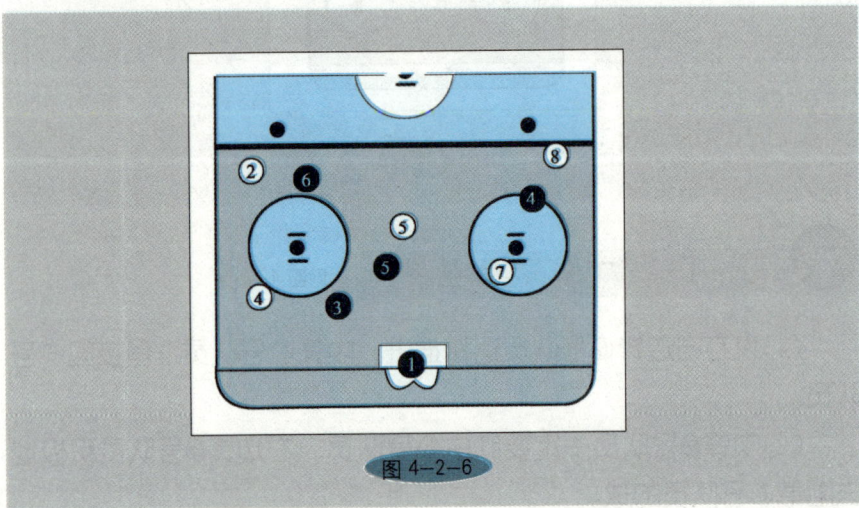

图 4-2-6

"1-2-2"守区防守战术 见图4-2-7

（1）②号队员运球，⑤号队员去阻截。

（2）如将球传给③号队员，⑤号队员又要立即去防守③号队员。

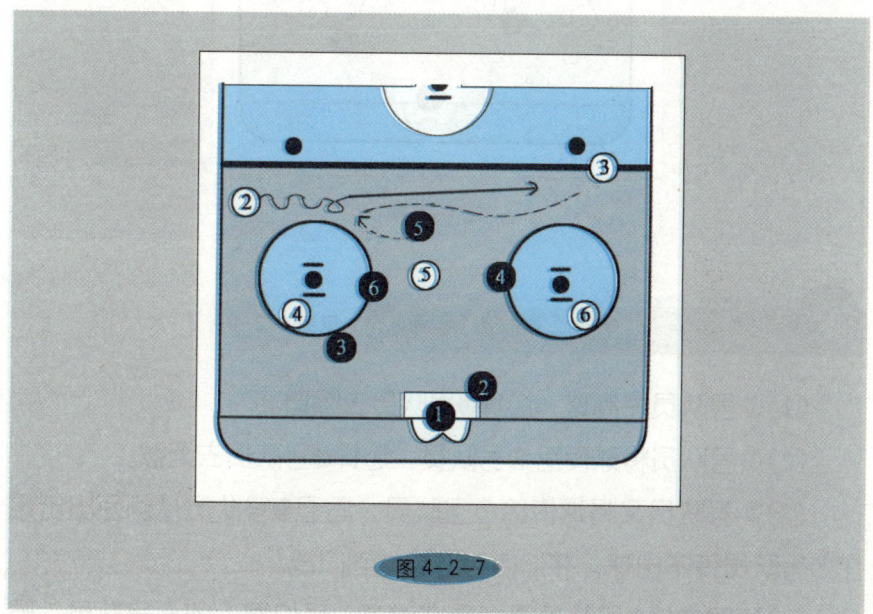

图4-2-7

 "2-1-2"和"1-2-2"结合防守战术 见图4-2-8

（1）攻方③号队员控制球，边锋⑥号队员去阻截。

（2）③号队员将球传给另一后卫②号队员时，⑥号队员迅速撤回与中锋⑤号队员看守对方中锋⑤号队员，④号队员立即去对②号队员进行阻截，即变成⑥号和⑤号队员号看守对方中锋⑤号队员。

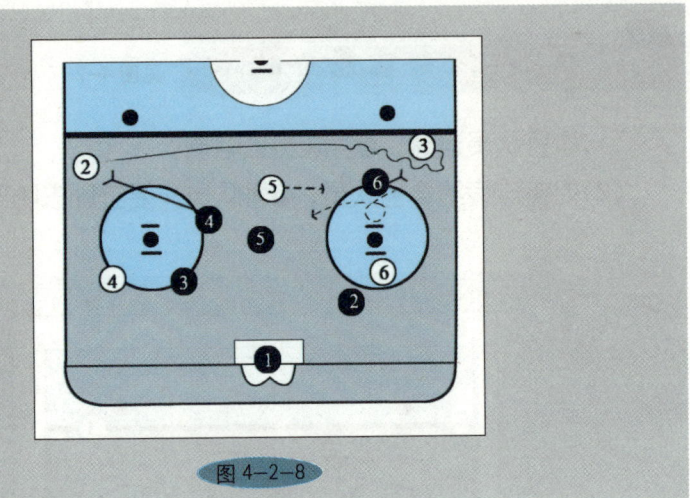

图 4-2-8

 "2-2-1"守区防守阵形 见图 4-2-9

(1)⑩号队员控制球,边锋❻号队员去阻截。

(2)⑩号队员将球传给⑨号队员,边锋❹号队员去阻截。

(3)⑨号队员又将球传给⑦号队员,后卫❷号队员从侧面出击逼住⑦号队员传不出球,并迫使他沿边墙到门线。

(4)这时中锋❺号队员重点看守对方中锋位置上的⑧号队员,同时也监视和防守⑩号队员的袭击。

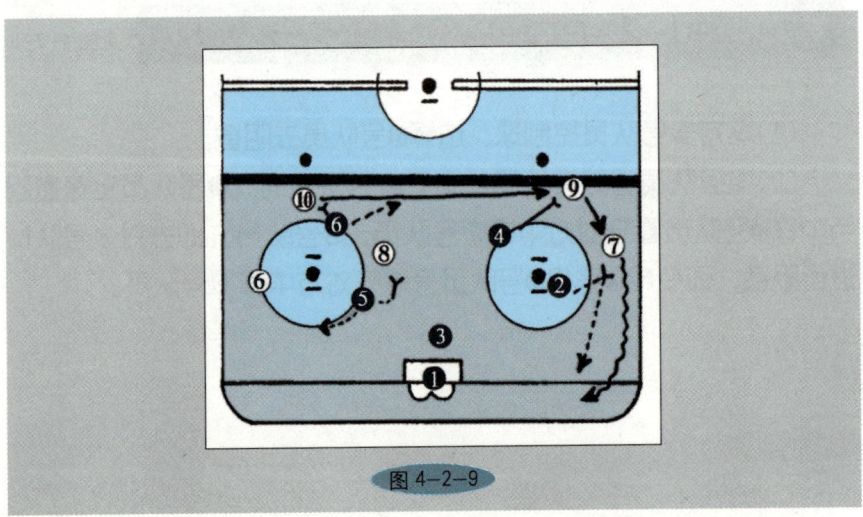

图 4-2-9

第三节

特殊战术

比赛中经常出现犯规而被罚出场的情况，这样场上队员就出现了以多对少或以少对多的特殊局面,对付这种特殊局面,必须采用特殊的办法,这就形成了特殊战术。

以多对少战术

在本方队员多于对方的情况下，要充分利用对方受罚的机会,扩大进攻范围,分散对方防守力量,积极主动,不断发动攻势,力争在最短时间内进入攻区,依靠人数多的优势,攻击对方球门,命中得分。

出守区

战术一 见图 4-3-1

后卫④号队员从门后运球起速,两个边锋在守区进行交叉迂回,④号队员可以将球传给交叉迂回的边锋⑤号队员,也可以传给左侧接应的中锋⑧号队员。

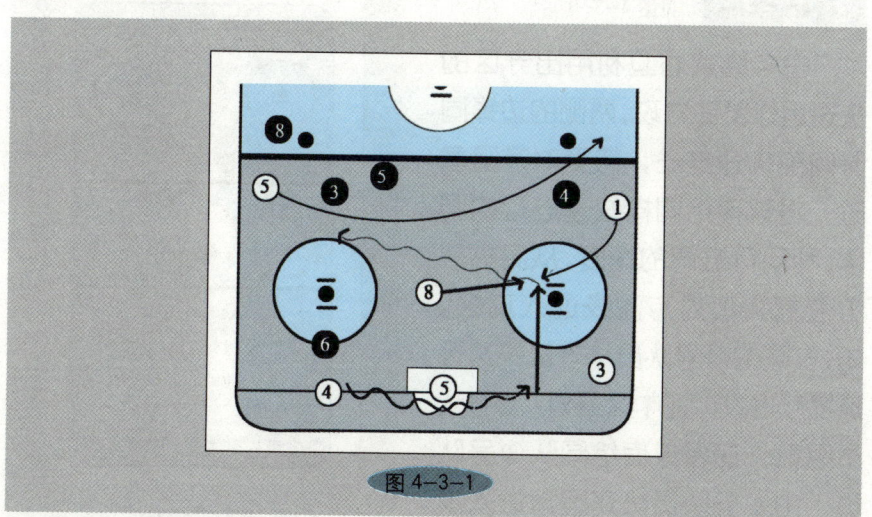

图 4-3-1

 **战术二** 见图 4-3-2

后卫③号队员将球放于门后，中锋⑥号队员迂回运球起速，如遇对方抢截，可传给跟进接应的③号队员，③号队员运出守区或传给左侧接应的后卫④号队员。

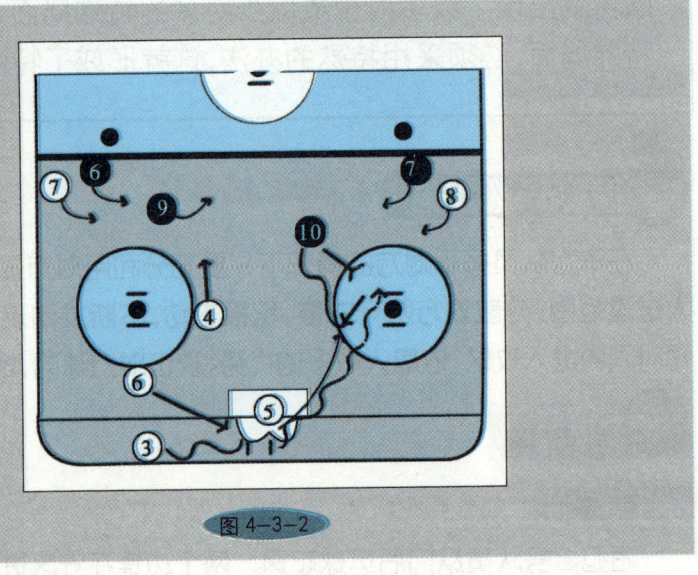

图 4-3-2

 蝶式跪挡

 **战术一** 见图 4-3-3

由中锋或后卫利用出守区的快速运球发动进攻，两侧的边锋同时向前快速推进，待受对方阻截时，将球传给同样快速进行的同伴，利用行进间的速度，从另外一个位置突破对方蓝线进入攻区。如：攻队的③号队员从守区快速运球发起进攻，在中区遇对方❼号队员阻截，在将球传给同队⑥号队员，由⑥号队员快速运球进入攻区，或从边线切入，或直插球门。

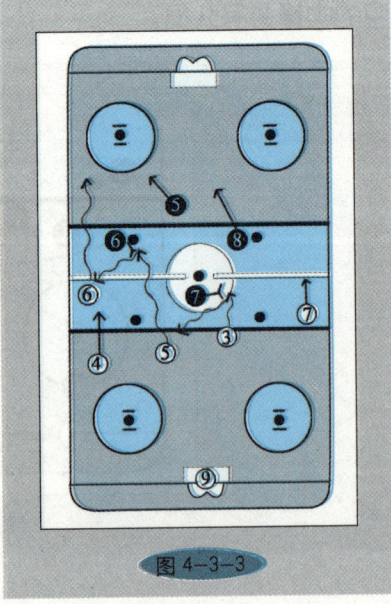

图 4-3-3

见图4-3-4

利用假动作,进行接应,发挥后卫的作用进入攻区。如:④号队员运球遇对方❼号队员阻截,将球传给接应的⑥号队员。边锋❼号队员从右侧插上接应,以吸引对方④号队员。当对方④号队员企图阻挡❼号队员时,后卫③号队员沿右侧界墙及时快速插上,接应⑥号队员的斜传球进入攻区。

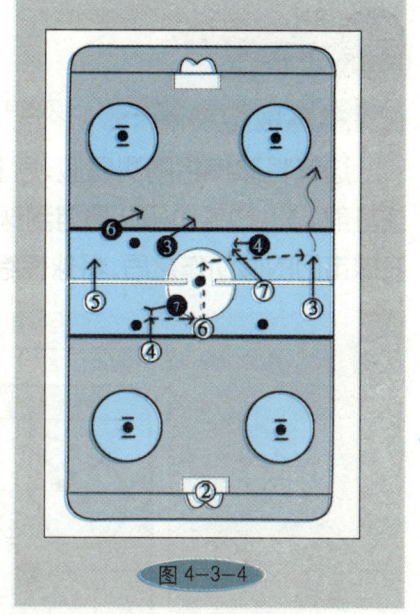

图4-3-4

攻区位置 见图4-3-5

进入攻区后,就要进行阵地战,每个进攻队员都要站好自己的基本位置。中锋站在门前一带,边锋站于争球圈外侧,后卫站在蓝线前。队员要根据场上比赛的需要,不断地变换、移动自己的位置,进行接应或插上,利用快而准确的传球扰乱对方的防线,寻找时机,进行近距离的射门。

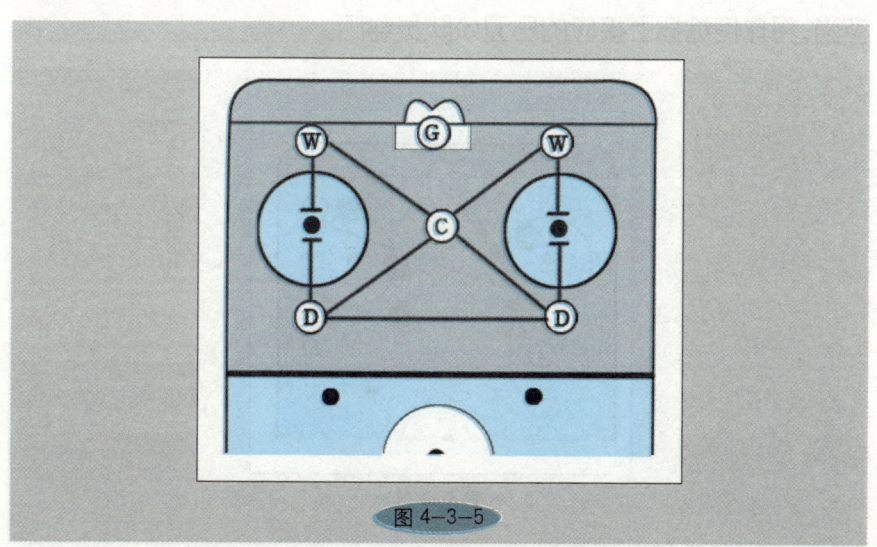

图4-3-5

攻区射门

见图 4-3-6
攻区射门战术一

边锋将球传给同侧后卫,后卫进行强有力的击门,前锋进行补射或垫射。如:边锋①号队员得到球后快速传给后卫③号队员,③号队员在做击门的假动作之后,将球传给④号队员击门,两边锋到门前补射。

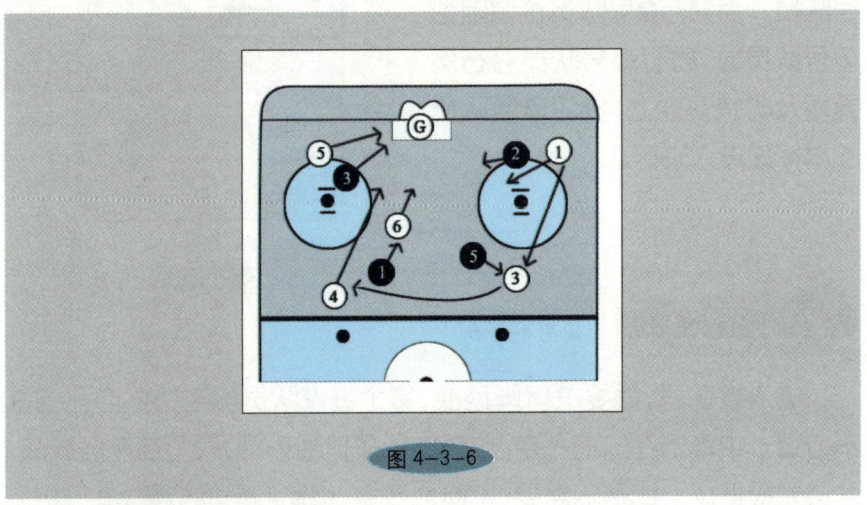

图 4-3-6

攻区射门战术二 见图 4-3-7

后卫插上接应射门。如:边锋⑦号队员控制球后,利用对方防守的空当,将球传给插上接应的后卫④队员射门。

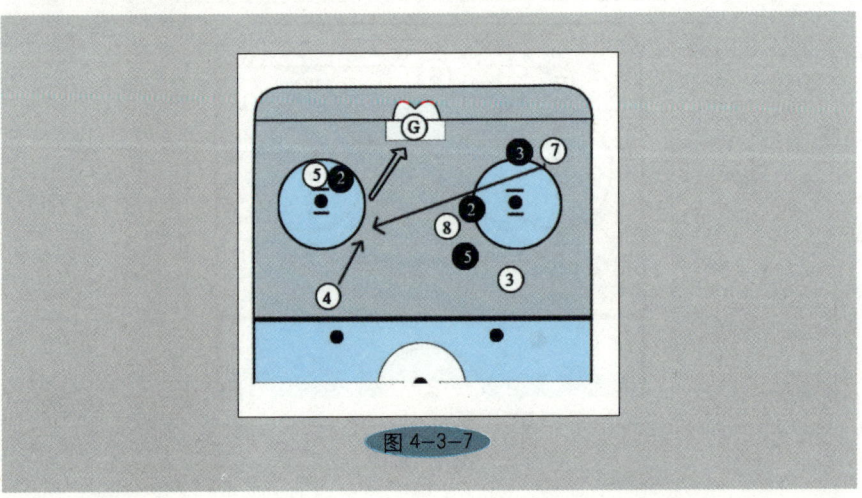

图 4-3-7

 **攻区射门战术三** 见图 4-3-8

通过门侧三角的传球制造射门机会。如：在中锋⑥号队员到门侧接应的同时，后卫④号队员插上代替中锋站到门前，⑥号队员接球后，可绕门角返上射门，也可传给插上的后卫④号队员或边锋⑦号队员，做近距离射门。

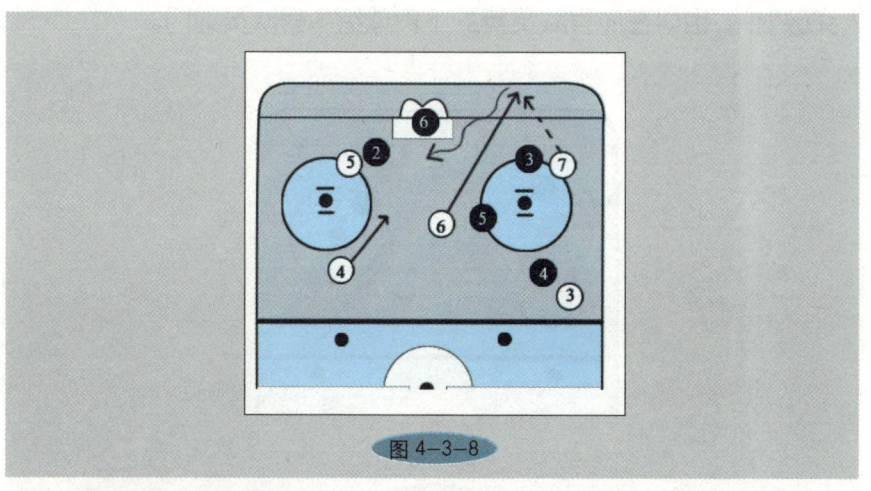

图 4-3-8

见图 4-3-9 **攻区射门战术四**

边锋果断地利用过人技术，逼近球门近射，或将球传给其他更有利射门的队员。如：边锋⑦号队员果断地越过防守队员，可直接射门，也可传给⑤号队员或⑥号队员射门。

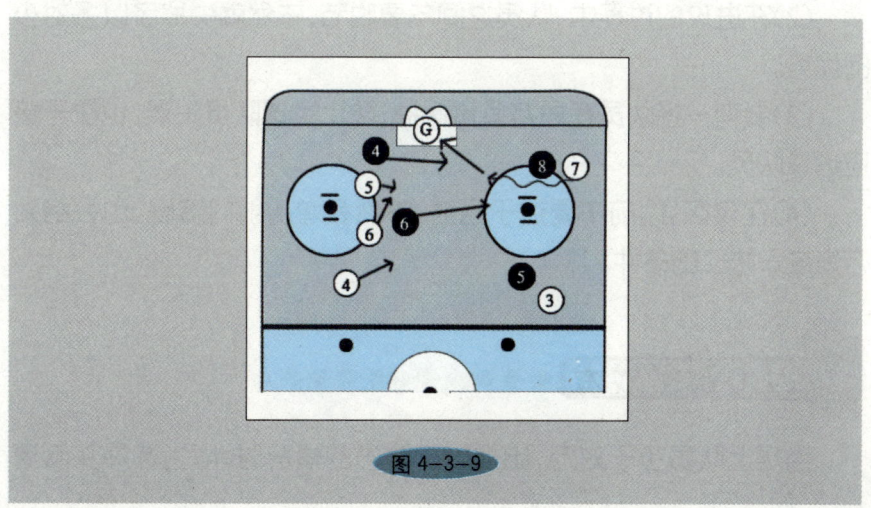

图 4-3-9

特殊战术

五对三进攻战术　见图 4-3-10

场上出现五对三的情况时，进攻队员应多利用身体掩护的方式，给同队队员创造近距离射门的条件。如：⑤号队员将球传给后卫④号队员，④号队员在逼向球门的过程中，可通过⑥号队员的掩护进行个人突破射门，也可在⑥号队员掩护下传球给③号队员射门。

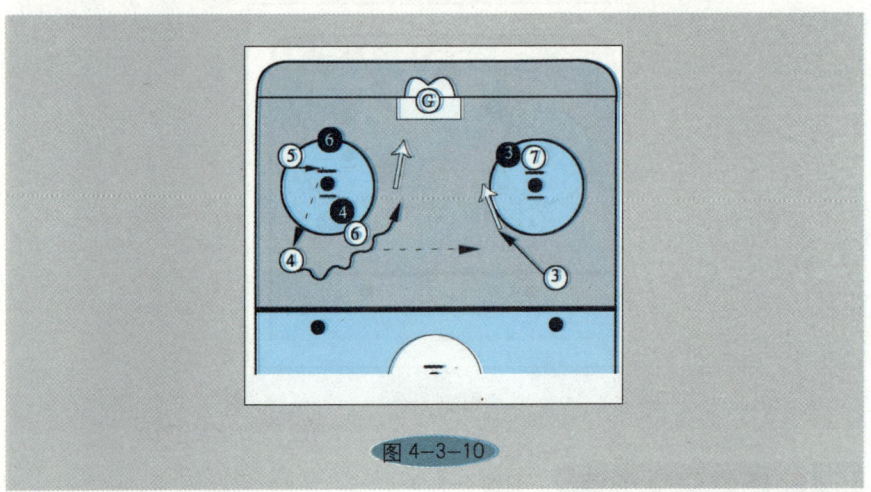

图 4-3-10

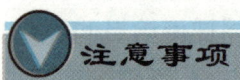

（1）不要无目的的过多传球，这样可以减少失误，争取进攻时间。

（2）在进攻的过程中，队员之间不要脱节，不然就失掉了以多对少的优势。

（3）要有一名队员在后方负责保护，防止运球队员失误，也便于接应运球队员。

（4）在攻区，门前不要过于压缩，不然会增加射门障碍，也会给对方造成一防二的条件。

当场上队员少于对方，出现以少防多的情况时，应当选择头脑清

醒、冷静,判断准确、果断,阻截技术好、能力强的队员参加比赛。场上的每个队员都要明确自己的任务,既要破坏对方的进攻,又要防住对方进攻,阻止对方攻门,尽量拖延比赛时间,全力以赴地守住球门。

 **攻区防守** 见图4-3-11

攻方④号队员在门后运球,❼ 号队员迂回抢截。④号队员将球传给⑤号队员时,守方❹号队员在对方⑤号队员接球的同时上前阻截,这时守方❹号队员要迅速返回补❸号队员的位置。

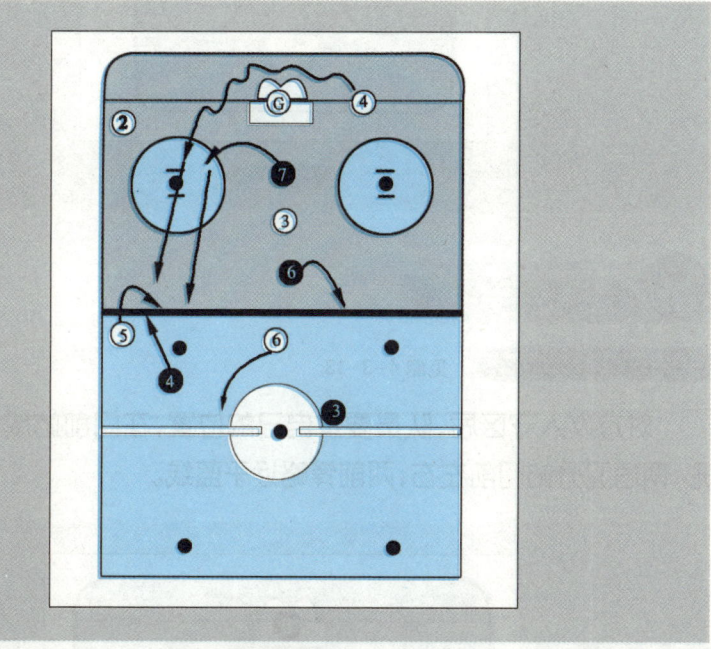

图 4-3-11

 中区防守战术 见图4-3-12

充分利用守区蓝线,在蓝线上形成一道防线,如果对方进攻速度较快,两前锋应迅速退守,与两后卫站成一线,再退守到守区蓝线。利用蓝线的防守,可以造成对方越位。另外,防守的力量也比较集中,能给对方的快攻、接应及个人突破造成很大困难。但防守时位置的移动要快,配合要默契。如:对方从左侧进攻时位置的移动。

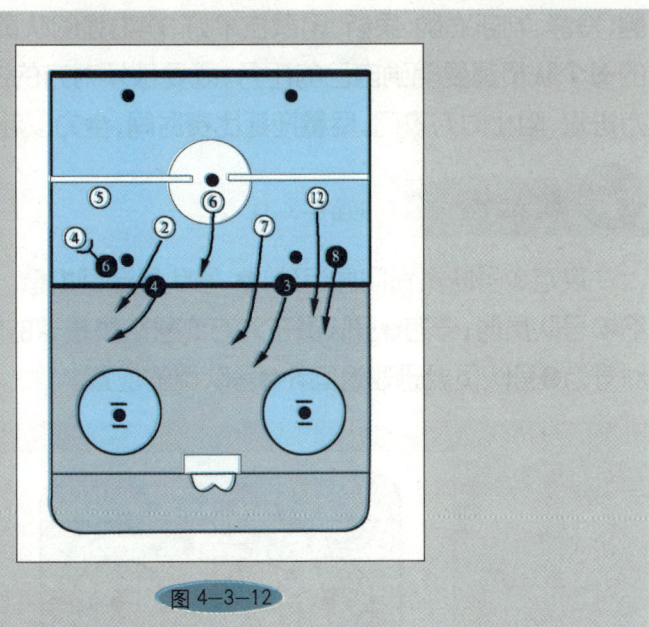

图 4—3—12

守区防守战术

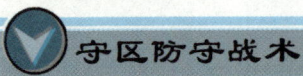 见图 4—3—13

对方攻入守区后,队员要按自己的位置,在门前站成方形防守阵形,两后卫分站门前左右,两前锋略近于蓝线。

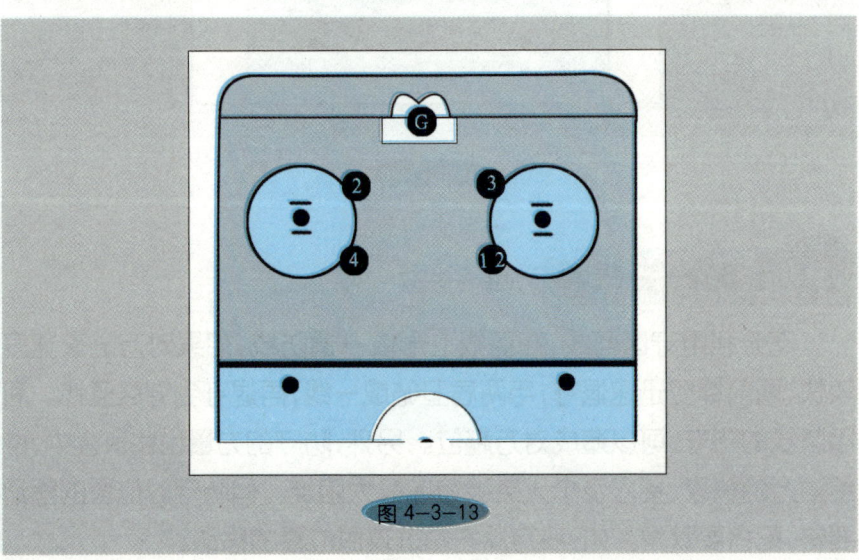

图 4—3—13

守区的防守 见图 4-3-14

防守门前的两名守卫不要轻易离开门前,当有球的一侧后卫逼向对方运球队员时,另一侧的后卫要占据球门前的位置。站在前边的两名前锋,要根据球的位置适当地移动。为了防止对方近距离的射门,可放松对不持球一侧后卫的看守。从整个局面来看,无论是攻方的哪一个队员得球,都要立即有一名防守队员出现在他的面前,用身体挡住他通向球门的路线,逼迫他缩小射门的角度。当对方每次射门之后,或在本方阻截的过程中,本方队员随时都有控制球的可能,等到这时,控制球的守方队员要沉着、冷静、合理而稳妥地处理球。处理方法有以下几种:

(1)将球打出蓝线,使对方退出守区重新组织进攻,拖延其进攻时间。

(2)将球贴到界墙边上,造成死球,以调整防守阵形,解除混乱。

(3)可以组织假进攻,冲向对方守区,再把球运回或传回,待对方紧逼过来时,再把球打到对方的底线,这样可以拖延更长的时间。

(4)如果有进攻机会,应该由一名或两名前锋进行,至少要有一名后卫沉后,当射完一次球门或进攻失败后,进攻的前锋应立即返回,重新组织防守阵形。

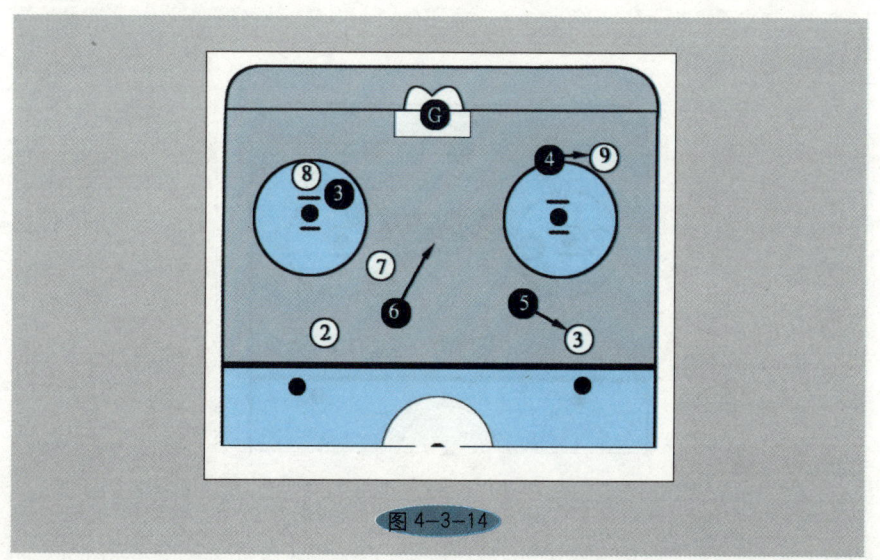

图 4-3-14

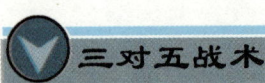

三对五战术

见图4-3-15

三对五战术一

如果因犯规而被罚掉两名队员，成为三防五的局面时，攻区由一名前锋抢截，延缓对方出守区和通过中区的时间，两名后卫从红线开始回防。

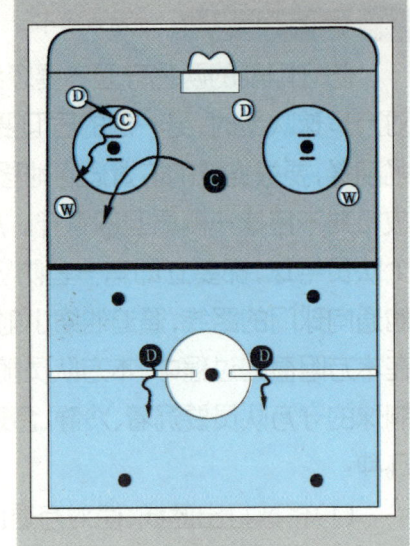

图4-3-15

三对五战术二

见图4-3-16

守区的位置应成为两种形式的三角形，即两名后卫站在门前左右，一名前锋突前，或一名后卫站在门前，两名队员突前。尽一切可能，防止攻方队员做近距离的射门。

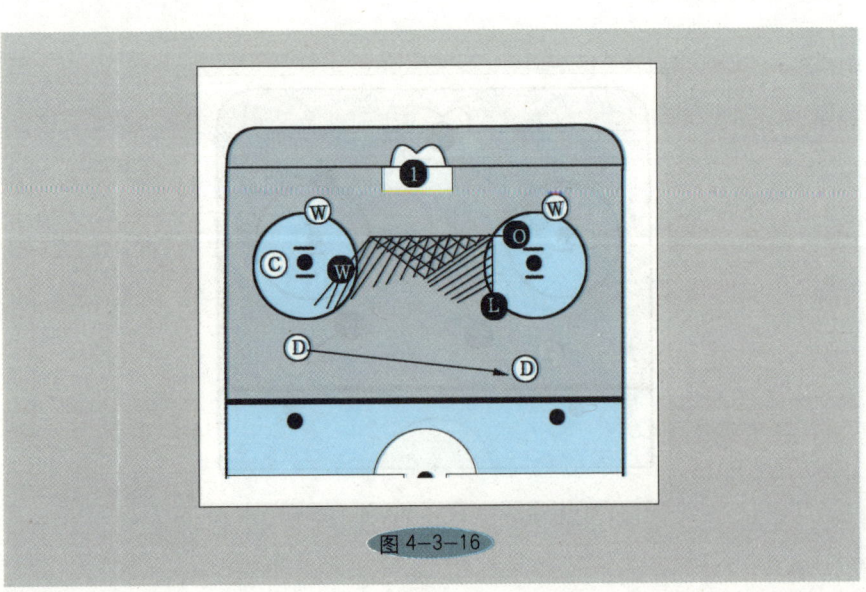

图4-3-16

 **注意事项**

(1)当对方发动进攻时,防守队员不要退到某处站立等待,这样最容易被攻方绕过。

(2)防守的位置不要分散,尤其是后卫和前锋之间不能脱节,这样可以集中防守力量,不给对方造成进攻的空隙。

(3)防守的过程,要注意位置的移动,既要盯住自己所要看守的队员,又要替补同伴防守中的漏洞。

第四节

争球战术

每一场冰球比赛,从开始到结束,都要进行多次争球,而争球又是掌握球权的一个重要手段和时机,所以争球的成功与否,将会给本队的进攻或防守带来很大的影响。因此,熟练地掌握和运用争球技术也是战术方面的一个组成部分。各区的争球战术应根据双方争球队员的特长、双方场上的人数以及争球位置的安排等灵活制定。

 **攻区争球战术**

争球是获得球权的重要手段,在攻区争到球后,可以直接射门得分。攻区争球战术分为3种。

战术一 见图4-4-1

如果争球技术较好,把握性大,在攻区争球时可站在进攻的位置。如:⑤号争球队员将球争给③号队员,⑥号和⑦号队员阻挡对方的迎面抢截,③号队员可射门。

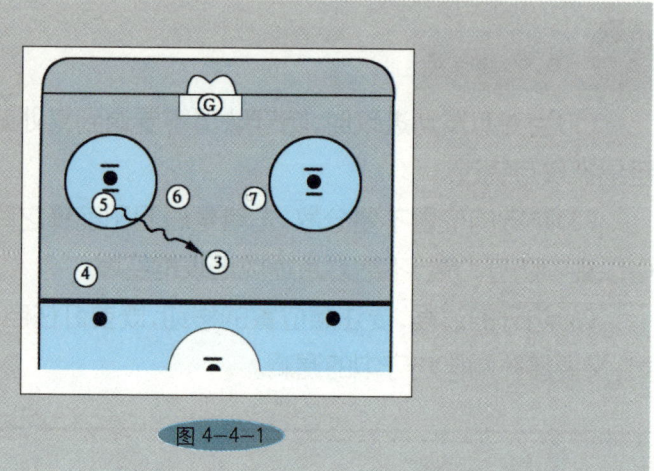

图 4—4—1

 战术二　见图 4—4—2

如果争球把握性不大，而对方争球技术又较好，可站成防守的有利位置争球。这是一种盯人的争球位置，争球之后应立即进行抢截，或把对方的争球队员盯住。

图 4—4—2

 战术三　见图 4—4—3

当出现特殊情况，例如换下守门员，多上一名前锋时，应把这名前锋安排在前边，以加强进攻的力量。其目的是依靠人多的优势，在最短

时间内，争取射中对方球门。如：⑤号队员将球争给③号队员射门（三名前锋进行补射），或由③号队员传给更有利射门的前锋射门。

图 4-4-3

中区争球战术在比赛中也很重要，战术的优劣同样关系着比赛成绩的好坏。主要分为 3 种。

 见图 4-4-4

在中区争球时，一般都是采用盯人的争球位置。

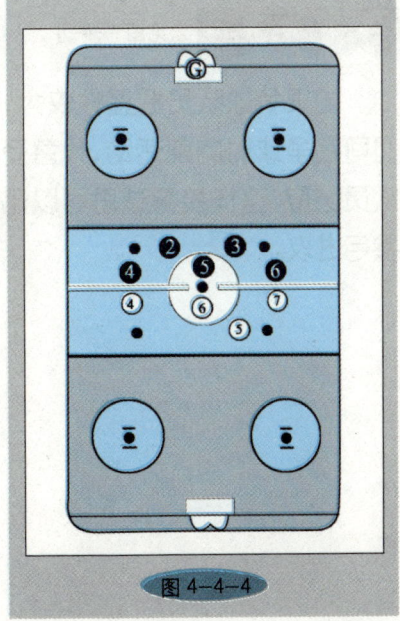

图 4-4-4

战术二　见图4-4-5

当人数少于对方，出现四打五的情况时，后卫可代替受罚的前锋去站位。

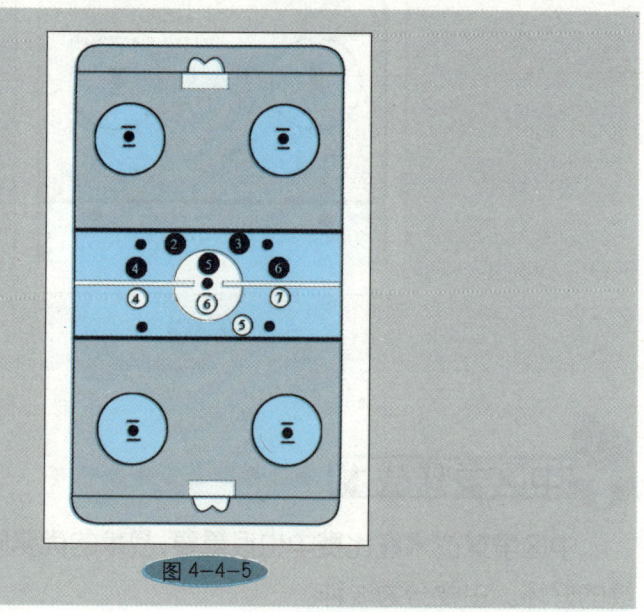

图4-4-5

战术三　见图4-4-6

如果争球队员把握性较大，后卫可在争球时向前活动，代替受罚队员站位，这样接得球后可以迅速参与进攻。

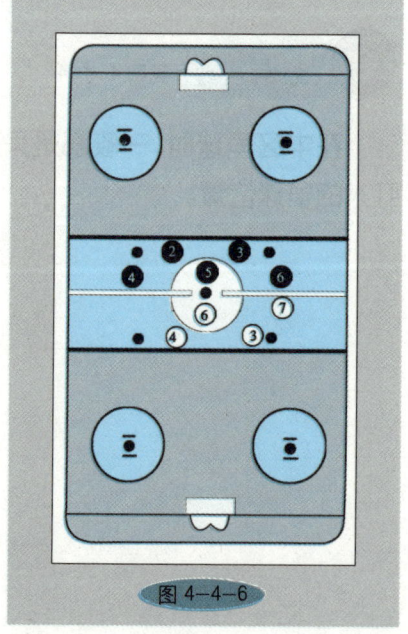

图4-4-6

守区争球战术

在守区争得球后，既可减少对球门的威胁，又可立即组织进攻。在守区争球时，多采用防守性的位置，其主要目的，一是争得球后快速出守区，二是防止对方射门。

 见图 4-4-7

当争球的队员技术较好，而对方的站位又没有攻击性时，应该站盯人的争球位置。如图⑥号队员应把球争给④号队员，④号队员接得球后，组织出守区。

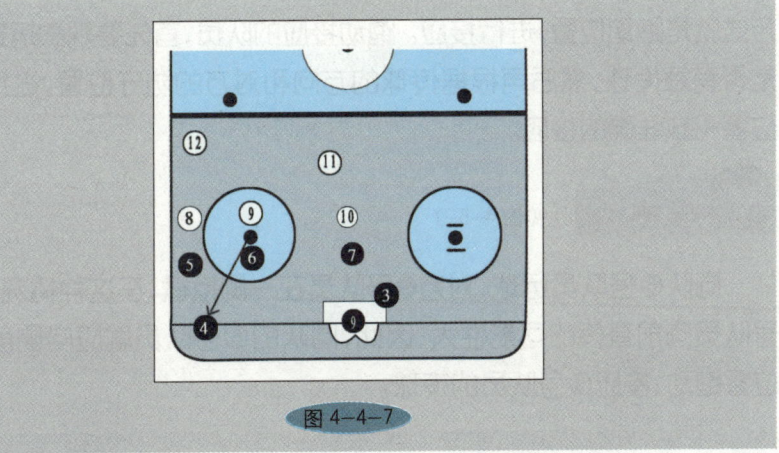

图 4-4-7

 见图 4-4-8

当对方也为了加强攻击力量，将⑧号队员调到中间，这时的争球位置也要相应地加以改变。后卫④号队员代替前锋盯住对方⑧号队员。④号队员要快速向前盯住对方后卫⑪号队员，⑥号队员应先盯住对方⑨号队员，再去盯对方后卫⑫号队员，后卫❸号队员守住门前。

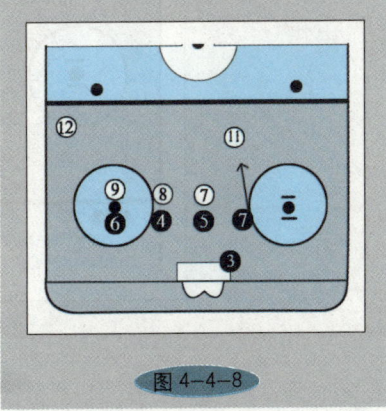

图 4-4-8

第五节

个人战术

个人战术就是队员在总的战术方案指导下，个人所采取的积极行动。个人战术的内容涉及很广，包括个人接应与跑位战术、盯人战术和假动作战术等。

个人接应与跑位战术

队员在场上的活动范围很广，应当很好地利用，其中最好的利用方式就是跑动位置，进行接应。跑动接应的队员，首先要观察运球队员是否有意传球，然后再根据传球的方向和对方的防守位置，进行跑动位置和做准确的接应。

战术一 见图4-5-1

同队⑥号队员运球，对方❹号队员在一侧抢截，在这种情况下，⑥号队员向前直传的可能性大，因此，同队的⑤号队员就应向侧前方的位置跑动，接应⑥号队员的传球。

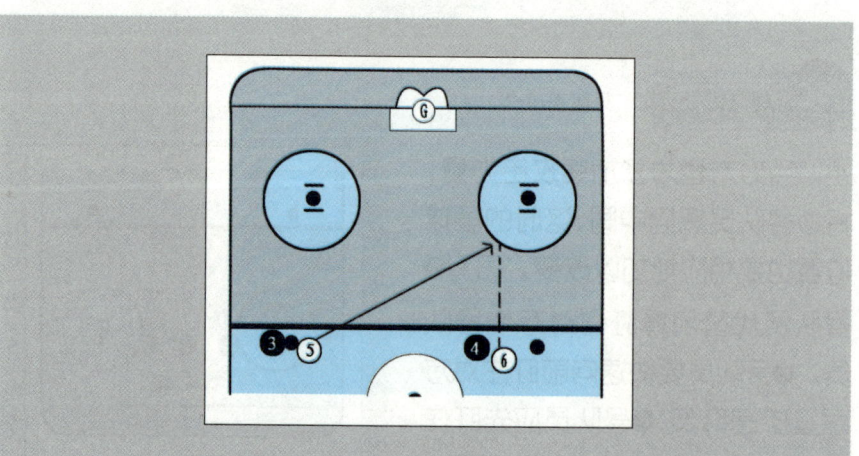

图4-5-1

战术二 见图 4-5-2

如果对方的❼号队员在③号队员的前面抢截，则③号队员向左侧传球的可能性大，因此，同队的⑤号队员就应当向他的左侧方向跑动，接应他的传球。

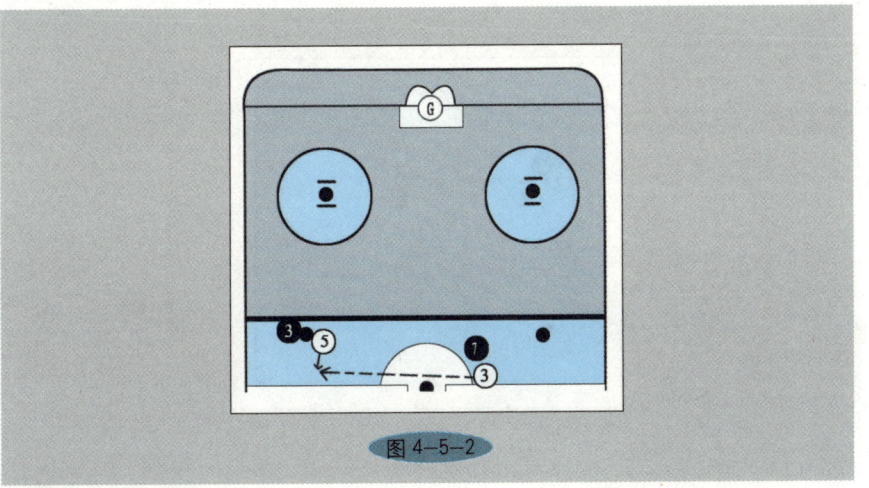

图 4-5-2

战术三 见图 4-5-3

跑动接应可以摆脱对方的盯人防守，也可以减少传球队员的困难，又可以达到接球射门的目的。如，③号队员背对防守方❷控制球，同时④号队员立即摆脱对方❿号队员防守，插上接球射门。

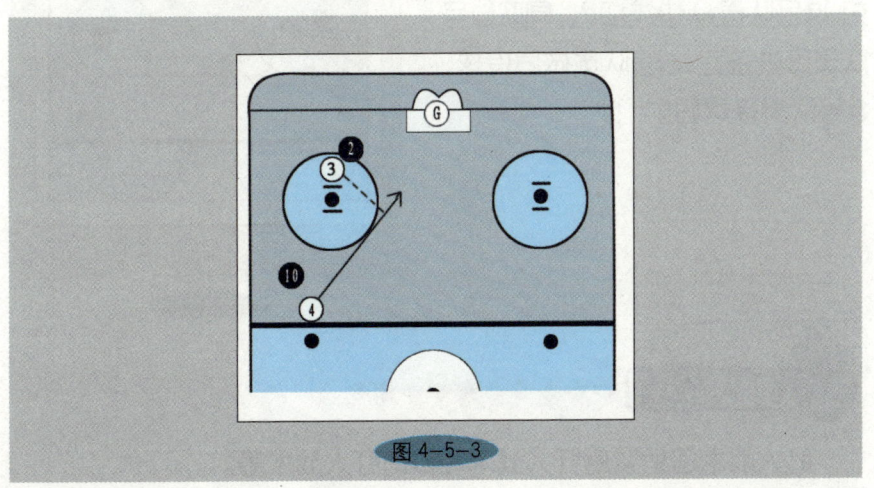

图 4-5-3

战术四 见图4-5-4

　　要注意利用跑第二空当的接应，⑥号队员控制球的过程中，同队⑦号队员向右侧方向跑动接应，对方❹号队员跟踪盯住⑦号队员，这时，同队⑥号队员可突然跑入第二空当位置接球射门。

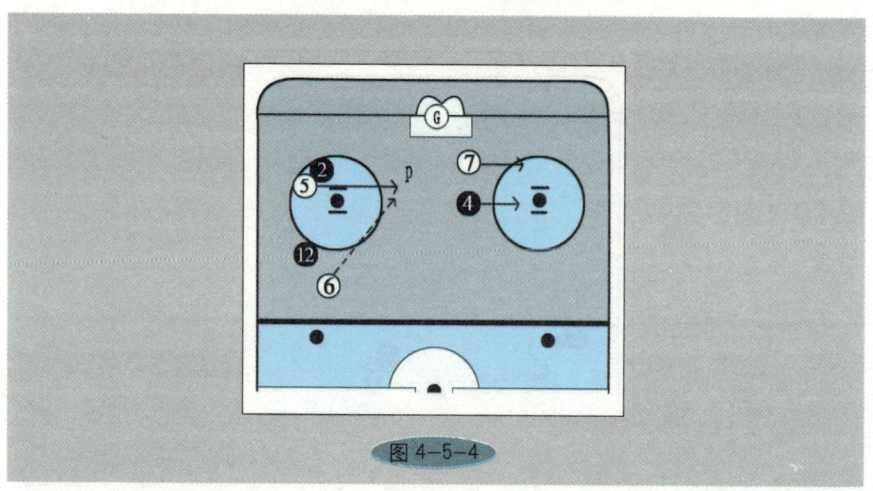

图4-5-4

战术五 见图4-5-5

　　跟进接应在比赛中的效果也很好，但两人配合要协调、默契。如，⑪号队员从边线切入，同队⑬号队员跟进接应，⑪号队员做后传球，⑬号队员接球后射门。

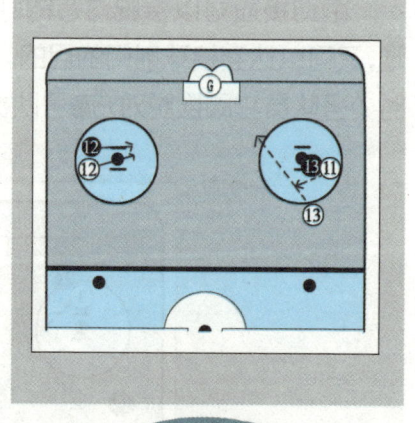

图4-5-5

　　盯人战术包括紧逼盯人战术和松动盯人战术等。

紧逼盯人战术

紧逼盯人就是站好有利位置,贴近对方,不给其接球摆脱的机会。一般是对离球较近的进攻队员采用此战术。

 松动盯人战术

松动盯人是根据球所在的位置,同对方保持一定的距离,以便随时上前截断,对离球较远的进攻队员所采用的战术。紧逼盯人与松动盯人这两种战术方法可根据场上的形式灵活运用。在盯人时,既要看球的动向,又要观察场上其他队员的活动情况,以便争取主动。

 假动作战术 ◆◆◆◆◆◆◆◆◆

假动作是用来隐蔽自己真正目的的一种虚晃动作。冰球运动比赛时,双方接触频繁,争夺激烈,追逼紧迫,单一的技术动作很难获得成效。因此,必须通过假动作来取得时间、位置和距离等方面的主动权,借以达到自己的真正目的。假动作的形式很多,大致可以分为无球假动作和有球假动作。

 无球假动作战术

改变速度的假动作战术

为了摆脱对方紧逼,可先停止滑行或减慢速度,或向接球点慢滑或倒滑,引诱对方也放慢速度,然后,突然加速跑向空位接球。

改变方向的假动作战术

为了摆脱对方紧逼,如前锋在蓝线接应后卫的第一传,可先向场内侧滑几步,然后突然急停,再起跑到接应点,接后卫的第一传。

 有球假动作战术

有球假动作的形式概括起来有以下几种:

(1)运球过人的假动作。

(2)射门的假动作。

(3)抢截的假动作。

第五章 基本规则

　　制定各项运动的比赛规则,有助于全民健身运动的深入开展。比赛参与者应该了解运动规则的基本知识,使自己在比赛过程中游刃有余地发挥技术水平。比赛观赏者也只有在了解基本规则的前提下,才能够充分体验到观赏比赛的乐趣。

第一节

比赛方法

　　球员要按照一定的方法进行比赛,并必须遵循一定的规则,以使比赛有序进行。

　　比赛时每队场上不得超过 6 名球员,即守门员、右卫、左卫、中锋、右锋和左锋。每场比赛每队可出场 20 名球员和 2 名守门员。

比赛进程

　　(1)比赛用抽签的方法确定主客队。

　　(2)比赛前,主队应从裁判员处得到客队比赛名单,主队也应将自己的名单交给由裁判员,由其转交给客队。

　　(3)任何时候都可以替换球员,但只有被替换的球员脱离比赛冰面和比赛区后,替换的队员才可上场。

第二节

裁判方法

　　在比赛过程中,裁判人员通过履行其职责,进行正确的裁判工作,来保证比赛的公平、公正。

裁判员

　　每场比赛应有 2 名裁判员(2 人制),或 1 名裁判员、2 名边线裁判员(3 人制),1 名记录员,2 名监门员。

计分

　　每场比赛分 3 局进行，每局 20 分钟，每局中间休息 15 分钟，每局比赛开始前 3 分钟记录员应通知裁判员和两队。比赛每 2 局中间或决胜局中间应交换场地，在 3 局比赛中得分多者为胜队。

规则

判罚

冲撞类判罚

　　对冲撞犯规的判罚主要包括以下几个方面：

　　（1）球员用身体阻截、横杆推阻、肘顶、非法冲撞或用脚绊，使对方摔倒到界墙，裁判员可视其程度判小罚或大罚，加严重违反纪律。

　　（2）球员助跑或跳起冲撞对方，应判小罚或大罚，球员对在球门区内的守门员发生任何犯规均应判双重小罚或大罚。

　　（3）球员（守门员除外）故意摔倒在球上或把球搂住，应判小罚，如该犯规发生在本方球门区内，应判罚任意球。

　　（4）用手、球杆或任何方式抱对方球员应判小罚，球员用手抓或抱住对方球员的面罩或头盔，或用手拉对方的头发，应判小罚或大罚，并加罚违反纪律。

　　（5）用冰球杆钩人，阻碍对方球员前进应判小罚，使对方受伤应判大罚。

非法使用冰球杆

　　（1）球员用冰球杆打人，阻碍或企图阻碍对方球员的行进，可视情节判小罚或大罚。

　　（2）球员用杆刃刺人或企图刺人，用杆柄杵人或企图杵人，应判小罚加违反纪律或大罚加严重违反纪律。

（1）球员将冰球举过肩部正常高度时，可视情况判小罚，如碰伤对方球员应判大罚加严重违反纪律，如果裁判员认为该动作是偶然的，只判大罚。

（2）攻队球员举杆过肩击球入门应判无效，但守队球员高杆将球击入自己球门判有效。

（3）对干扰对方非控制球球员前进，或向对方运球球员打、射坏杆，或故意打落对方手中的球杆、阻碍对方拾起球杆及其他装备等方法来进行干扰的球员应判小罚。

（4）守门员的身体完全出了球门区，造成比赛停止，应判小罚。

（5）比赛进行中在球员席或受罚席上的球员，用身体或球杆干扰场上的球或对方球员，应判小罚。

（6）如果攻队球员故意站在球门区内，裁判员应停止比赛，在中区争球点争球。

（7）球不在球门区内时，球员用球杆或身体干扰或阻碍了球门区内守门员的活动，应判小罚。

（8）守门员离场后，非法进场的人用身体、球杆或其他物件对运动着的球或对方球员进行干扰，应判非犯规队射中一球。

（9）控球球员越过红线后，在他和对方球门之间除守门员外没有其他球员需绕过时，守队的人用射球杆、断杆或其他物件来进行干扰，应判非法犯规队罚任意球。

攻队球员传球或正在运球，同队其他球员双刀完全越过攻区蓝线后，冰球完全进入攻区，称为越位。越位可视具体情节缓吹及判有意越位。

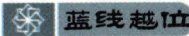 **蓝线越位**

如果越位时球运过蓝线，应在距球过线处最近的中区争球点争球；如果球是被传或射过蓝线的，应在传或射球的起点争球。如判有意越位，应在犯规对守区争球点争球。

红线越位(传球越位)

球员不得从自己的守区向位于中线前的同队球员传球，除非球先于接球球员越过红线。违反比赛规定，应停止比赛，在传球的起点或最近的争球点争球。

传出的球在越位前触及了任何球员的身体、球杆或冰刀，不算传球越位。如果边线裁判员错判了传球越位，应在中心开球点争球。

裁判方法